第 3 版

アメリカ経済論入門

宮田由紀夫
玉井　敬人

著

晃洋書房

は じ め に

　本書はアメリカ経済論の入門書である．2016年に第1版を刊行したが，幸い
この度第3版を刊行することになった．各章図表の加筆修正（特に第8章）と
2017年に発足したトランプ政権による政策の転換についての記述を第9章に付
したが，基本的に論述について変化はない．類書が数ある中で本書を刊行する
意味は，より初歩的なレベルでの入門書の必要性を感じたからである．学部学
生諸君がミクロ経済学やマクロ経済学の基礎的な知識のないままで一国の経済
を学ぶことはきわめて難しい．しかし，カリキュラム編成上，そのような事態
が生じることを否定することはできない．

　そこで，本書ではミクロ経済学，マクロ経済学，都市・地域経済学，貿易論
などの経済学理論の基本的な知識を提供したうえでアメリカ経済の現状を考察
することを心がけた．経済学の入門クラスを習得していない学生諸君にもアメ
リカ経済のダイナミックな姿を知ってもらいたかったので本書を企画した．

　また，若い学生諸君にとっては1980年も「歴史」であるので，「常識」とし
ての知識を期待しては気の毒である．さらに，受験科目が多様化しているので
世界史を受験科目として選択していない学生も多く，受験科目として選択しな
ければ高校時代での履修の身の入れようも異なる．したがって，本書では入門
書でありながら歴史的記述を多くした．

　本書が歴史を重視するのは単に高校や大学のカリキュラムの問題だけでなく，
制度というのは経路依存性があるからである．現在の制度は過去からの経緯の
積み重ねであり，制度が将来どの方向に進むかも過去からの経路に依存する．
日本の制度は現在，外見上はアメリカに似ている場合もあるが，過去が異なっ
ていれば将来進む方向は異なることが考えられる．このことから本書では歴史
的記述を多くした．

　本書の構成は次のとおりである．第1章ではアメリカの政治経済学の基礎的
知識を提供する．第2章は19世紀から20世紀初頭までの経済を駆け足で概観す

る．第3章はマクロ経済政策の理論と実践について学ぶ．第4章はミクロ経済学と競争政策（反トラスト政策）について学ぶ．とりあげる判例は古いもののように感じるかもしれないが，「訴訟大国」アメリカでも特定の事案についての最高裁の判断は数が限られていて，過去の判例の長期的影響力は大きいのである．第5章はアメリカの産業構造の変化ならびに企業統治（コーポレート・ガバナンス）について考察する．第6章では近年大きな関心を呼んでいる所得格差・貧困問題について学ぶ．第7章は地域発展の歴史を都市化の進展という観点から分析する．第8章では戦後の貿易と国際金融についてそれぞれ分析する．終章である第9章では近年アメリカ経済の抱える問題点をいくつか考察する．

　第1章から第5章までを宮田が担当し，第6章から第9章までを玉井が担当した．読者諸氏には第1章から第5章までを通読することでアメリカ経済を学ぶ上での基礎的知識を習得できるように配慮した．そして，第6章から第9章ではより一歩進んだやや専門的な内容を含めた．

　本書は宮田の学究の先輩として，また玉井の恩師としての浅羽良昌先生（大阪府立大学名誉教授）並びに故綿貫伸一郎先生（大阪府立大学名誉教授）の学恩に負うところが大である．晃洋書房の西村喜夫さんと山本博子さんには企画の段階からお世話になって御礼申し上げる．図表の作成では宮田の「筆者作成」というところの多くは実際には関西学院大学国際学部2014年度4年生の西山真梨さんにアルバイトで作成していただいた．また同じく2015年度4年生の谷口静さんには第1章から第5章までを読んで誤植をチェックしていただいた．感謝申し上げる．

　最後に筆者を支えてくれたそれぞれの家族（宮田琴・圭，玉井絵美子・紀亘・奏衣），並びに勉学の機会を与えてくれたそれぞれの両親（宮田忠雄〔故人〕・久美子，玉井弘・晏子）に本書をささげることをお許し願いたい．

2021年12月

宮田由紀夫・玉井敬人

目　　次

第1章
アメリカの政治経済システム

1. 建国の理念

(1) 独立戦争

アメリカはイギリスの植民地であったが，イギリスが利益を上げるのはカリブ海諸島が生産する砂糖であり，アメリカ本土の自給自足的植民地からはあまり得るものはなかった．そのため，「有益な怠慢」と呼ばれる放任主義がとられた．しかし，イギリス政府の財政難は植民地経営の負担を大きなものとし，植民地に対してさまざまな課税がなされた．植民地側は税金を取られるのは選挙権を持つイギリス国民だけであるべきで，植民地の住民は選挙権がないのだから課税されるべきでもない，と「代表権なくして課税権なし」と訴えた．ただ，植民地でいることは国防，海上輸送保護をイギリスに依存できるので悪いことではなかった．したがって，植民地13州の中でも独立運動へは温度差があった．本国からすでに制裁を受けていたマサチューセッツ州，植民地最古で最大（現在のウェストバージニア州も含んでいたので大きかった）でリーダーを自負しているバージニア州は積極的であったが，先住民インディアンとの係争を抱え防衛費を負担したくないニューヨーク，ペンシルベニア，ニュージャージーの各州は独立に消極的であった．1775年ボストン郊外コンコードでの武力衝突によって独立戦争は火蓋が切られた．独立宣言は1776年であるが，これは勝利宣言には程遠く，戦いの意義を明らかにする，いわば士気を鼓舞するために行われたもので，休戦が実現したのは1782年である．

1787年に13州の代表はフィラデルフィアに集まり憲法制定会議を行った．合

衆国憲法の草案ができあがり，各州議会に批准してもらうことになった．13州の3分の2にあたる9州が批准すればアメリカ合衆国が成立することとした．合衆国憲法を支持し連邦政府としてのまとまりを重視する立場の人をフェデラリスト（フェデラル［Federal］とは連邦の意味）と呼び，これまでどおり州の権利を主張する人々を州権主義者または反フェデラリストと呼ぶ．州ごとに多少の意見の相違はあったが1788年6月に11州が批准したので合衆国が誕生した．批准しなかったのはノースカロライナ州とロードアイランド州で，1789年の初代ワシントン（George Washington）大統領を選出する議会には参加していない．しかし，1790年には全13州が批准した．なお，1791年に加わった修正条項の中の第10条で憲法に規定されていることのみが連邦政府の責務で，それ以外は州政府の責務と定められ，連邦政府の権限が制限された．

(2) 政党政治の系譜

　ワシントン大統領の政権にはフェデラリストと反フェデラリトの両方が含まれていた．前者の代表がハミルトン（Alexander Hamilton）財務長官であり，後者の代表がジェファーソン（Thomas Jefferson）国務長官（外務大臣）であった．第2代大統領には副大統領だったフェデラリストのアダムズ（John Admas）が選ばれ，ジェファーソンが副大統領になった[1]．1800年にジェファーソンが第3代大統領に就任した．一方，ハミルトンは1804年に政敵バー（Aaron Burr）と決闘を行い銃撃され49歳で死亡してしまう．さらに1812年からの対英戦争の際にフェデラリストは反対の立場をとった．愛国心が高揚しているときに反戦の立場を取ったため人気が落ちた．こうして19世紀前半には州権主義のジェファーソン派が優位に立った．

　ハミルトンは連邦政府による製造業育成政策を提唱し，原材料の関税は低く，製品の関税は高くし，製造業には連邦政府から補助金を出すことを提案していた．連邦政府による製造業育成政策は議会の関心を集めなかったが，ジェファーソン派は関税収入の目的もあって保護貿易についてはハミルトンの意見を取り入れ，アメリカは高関税の国になった．

　ジェファーソン派はリパブリカン党と名乗ったが，後述するように今日の共

和党とは関係ない. リパブリカン党の 1 人勝ちが続くと当然のごとく内部対立が起きてきた. 1824年にリパブリカン党の中でより一層の州権主義を主張するデモクラティック・リパブリカン党と連邦政府の役割に寛容なナショナル・リパブリカン党とに分裂した. 前者からの最初の大統領が1828年の大統領選挙に勝利したジャクソン（Andrew Jackson）大統領であり, 彼は初の平民大統領である. アメリカには王侯貴族階級は存在しないが, 実際にはそれまでの大統領は大地主階層の出身であった. ジャクソンは平民出身で軍人として対英戦争のニューオリンズの戦いの英雄として国民的人気があった. デモクラティック・リパブリカン党の流れが今日の民主党（デモクラッツ）につながる.

　一方, ナショナル・リパブリカン党はホイッグ党となり1840年にはハリソン（William Harrison）を大統領にするが彼はすぐに病死してしまった. 副大統領のタイラー（John Tyler）が昇格したが, 彼は元々南部の支持を得るため副大統領候補にかつぎだされた人物で州権主義者だったので, 大統領になってからは議会のホイッグ党主流派と対立してしまった.

　ホイッグもデモクラッツも1850年代には奴隷制をめぐって南部と北部との間で党内対立がおきた. デモクラッツは奴隷制に巧みにふれないようにして党を維持するがホイッグでは党内対立が激化した. 1852年の選挙で大敗してホイッグは消滅するが, 諸派の離合集散の中から1854年に共和党が誕生した. 1860年の大統領選挙では民主党は北部と南部に分裂して候補を出さざるを得なくなった. 漁夫の利を得る形で共和党のリンカーン（Abraham Lincoln）が大統領になった.

2．分断されたアメリカ

⑴ "Red States" と "Blue States"

　南部はもともとは民主党支持層であったが, 20世紀に入りリベラルな北部の民主党と合わなくなってきた. とくにケネディ（John F. Kennedy）政権が公民権法を支持し黒人差別を撤廃しようとしたことに反発を強めた. ケネディは1960年の大統領選挙では南部の支持を得るためテキサス州選出のジョンソン

（Lyndon Johnson）上院議員を副大統領候補とした．公民権運動に動揺する保守的白人層を慰問するためケネディは1963年に南部諸州で遊説を行い，その途中でテキサス州ダラスで暗殺された．大統領になったジョンソンは南部民主党の願いもむなしく公民権法に署名した．南部の保守的な白人はしだいにリベラルな民主党に失望し共和党支持に変わっていった．とくに1970年代に共和党ニクソン（Richard Nixon）陣営が積極的に南部白人層を取り込んだ．近年，南部諸州は強固な共和党支持基盤である．さらに1980年の大統領選挙では，1960年代の民主党政権の福祉政策が行き過ぎて福祉依存の黒人層を甘やかしていると考えた中流白人層が，南部に限らずアメリカ全体でそれまでの民主党支持から共和党のレーガン（Ronald Reagan）支持にまわり，「レーガンデモクラッ（レーガン支持の民主党員）」と呼ばれた．

　共和党のシンボル・カラーが赤で，民主党のそれが青なので，共和党支持者が多い州を "Red States"，民主党支持者が多い州を "Blue States" と呼ぶ．東西両海岸の州が民主党支持で，中央の北西部・南部が共和党支持で，そして中西部のいくつかの州が選挙のたびに支持が変わる浮動票のある州（振り子のようなので "Swing States" と呼ばれる）である．図1‑1は2000年から2012年までの過去4回の大統領選挙の結果であるが，多くの州が4回とも同じ結果である．数州のみが支持を変えている．共和党支持の州の方が数は多いが，割り当てられる選挙人の数は人口に比例しているので，共和党支持の各州の選挙人は多くない．したがって毎回，接戦になるが勝敗を決めるのは "Swing States" ということになる．

　共和党は設立当初から北部商工業者の支持を受けていた．民主党は南部のプランテーション農場主の支持があった．19世紀ではアメリカの製造業は必ずしも国際競争力が強くなかったので，共和党が保護貿易主義で，綿花を輸出していた南部の支持を受けた民主党が自由貿易主義であった．

　第2次世界大戦後，アメリカ企業の国際競争力が高まると共和党が自由貿易主義になった．一方，民主党は労働組合の支持が強まったので，国際競争力に陰りが見られるようになった1980年代以降，しばしば保護貿易主義に走る．企業経営者・株主にとっては企業がどこで操業していても利益さえ上げていれば

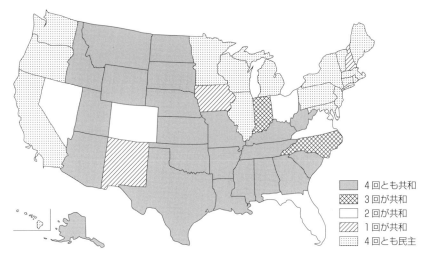

図1-1　過去4回の大統領選挙の結果

出所：「アメリカの選挙の歴史」― Wikipedia 他より筆者作成.

凡例：
- 4回とも共和
- 3回が共和
- 2回が共和
- 1回が共和
- 4回とも民主

よいので，彼らの支持を受けた共和党は自由貿易主義である．

　第2章で述べるが，共和党はリンカーン大統領の開戦理由が示すように連邦としてのまとまりを重視していた．戦争後も奴隷解放を徹底するため北部合衆国軍を南部に駐留させ州政府の主権を制限した．民主党の方が州権主義を維持していた．しかしこれも第2章で述べる1930年代の大恐慌に対応するルーズベルト（Franklin Roosevelt）のニューディール政策で連邦政府の役割を重視する路線に転向し，それに対抗する形で共和党が連邦政府の役割を否定するように変わった．

(2)　三権分立と州権主義

　アメリカ議会は上院と下院から成る．下院は任期2年で全員改選である．定数1人の小選挙区で，各州での選挙区の数は国勢調査の結果に応じて自動的に1票の格差が生じないように割り振られる．人口移動に応じて北東部の議席が減って南西部が増えている．

　上院は各州2人で合計100人であり，任期6年で，2年ごとに3分の1ずつ

が改選される．日本でいうと下院が衆議院で上院が参議院なのだが，アメリカでは大統領の指名した政府高官の承認や条約の批准など，権限は上院の方が大きい．州全体が選挙区なので多額の選挙資金が必要であり，格も上に見られるので，下院議員が経験を積むと上院に鞍替えするケースが多い．

　上院の定数が州の人口に関わらず各州2人というのは，1票の格差は著しくなるのだが，大きな州も小さな州も平等に2人を出す，という州権主義の現れである．実は1913年まで上院議員は有権者による直接投票ではなく州議会が決めていたのである．

　州権主義の表れが大統領選挙の仕組みである．人口に比例した選挙人が各州に割り当てられるが，勝った候補がその州の選挙人を総取りする．選挙人10人が割り当てられた州において，A候補が60％，B候補が40％の得票のとき，6対4ではなく，A候補が10人すべて取ってしまう．これは「わが州はA候補と決めた」という州単位の意思表示であるからである．建国時には（州によっては南北戦争のころまで）大統領選挙人は一般投票でなく州議会が選出していた．総取り式の結果，A候補が僅差で多くの州を押さえて，B候補は勝利した州では大勝した場合，国全体での得票ではB候補の方が多いのに，選挙人獲得数ではA候補が勝ち，大統領になるということが起きる．最近では2000年の選挙でブッシュ（George W. Bush）大統領が当選したときにおきた．

　民主主義国家では，立法（議会），行政（大統領・首相），司法（裁判所）が独立して互いに牽制し権力の集中を防ぐ，三権分立と呼ばれるシステムができている．アメリカの場合はとくにこれが堅固である．アメリカ大統領は有権者に直接選ばれ絶大な権力を有しているように見えるが，好きなことができるわけではない．日本のような議員内閣制では，第一院（衆議院）で多数を取った党が首相を出すので，首相の意向は衆議院では支持されやすい．日本でも衆議院と参議院で多数派政党が異なる「ねじれ」が発生し審議が滞ることがおこるが，アメリカの場合は，上院与党，下院与党，大統領の政党の3つが一致しない限り「ねじれ」が生じる．大統領と上院・下院の多数党が異なる場合は大統領の権限はかなり制限される．日本では首相公選制にすれば直接選挙で選ばれたリーダーは強い指導力を発揮できると期待されているが，議会が多数派を握らな

い限り権限は限定的である．都道府県で知事が議会多数派から支持されないと苦労するのと同じである．議会を通った法案は大統領が署名して初めて法律となる．大統領が署名を拒否した（「拒否権の行使」）場合でも，議会両院が3分の2で再可決すれば法律として成立するが，その見込みが立たないときには，大統領が拒否権の行使を示唆するだけで法律の審議に大きな影響力がある．

　最高裁判所の裁判官は大統領が任命して上院が承認する．裁判官は一旦，就任したら任期はなく，死亡するか自ら引退するまで勤め続ける．罷免される心配がないので立法府・行政府に対して違憲判断を下せる．最高裁判所の裁判官は以前の大統領に任命された人が引き続き職にとどまっているのに，政権は大きく変わっていることがある．そのため，リベラルな新政権の政策が以前からの保守的な裁判官によって違憲判断を受けること（またはその逆のパターン）がおこる．特に著しかったのが第2章で示すように1930年代半ばにニューディール政策に対して保守派の判事がブレーキをかけたときである．一方，ルーズベルト大統領の長期政権が指名したリベラルな判事は第2次世界大戦後の公民権運動の際に影響力を持った．

注

1）　当時は選挙人の投票で第1位になった者が大統領に，第2位になった者が副大統領になったので，両者の政治信条・政策は必ずしも一致していなかった．1804年の憲法改正で大統領・副大統領がペアで候補となり選ばれるようになった．

第2章
19世紀から20世紀初頭の経済発展

1．小さな政府

⑴ インフラ整備

　フェデラリストの退潮によって19世紀を通して連邦政府の役割は限定的なものになった．連邦政府支出の対 GNP 比率は19世紀前半2％足らず，後半でも2－3％であった．図2－1で1810年代半ばに5％を超えているのはイギリスとの戦争のときであり，1860年代の大きな上昇は南北戦争である．戦争が終われば再び低下した．第2次世界大戦で歳出の対 GDP 比率は40％を超え，戦後も20％台であるから，19世紀とは大きな差がある．さらに，ハミルトンの殖産興業策は否定されたが，高関税政策は採用され，連邦政府の歳入に占める関税収入は図2－2が示すように極めて高い．一時的に減少したときは戦時で貿易が滞った一方で公債収入に頼ったケースと国有地の販売が増えた年である．20世紀に入っても第1次世界大戦後に連邦所得税が導入されるまで，関税収入は歳入の40％以上を占めていた．アメリカ連邦政府は関税だけで賄われる小さな政府だったのである．

　政府の役割として交通機関の整備があるが，ここでは州政府の貢献も大きい．道路は1811年に最初の工事が始まり，最終的にはメリーランド州からオハイオ州まで約950キロを1838年に結んだカンバーランド国道が有名だが，連邦政府による建設は例外的で州政府が自ら建設したり，民間企業に許可を与えて建設させていた．ターンパイクと呼ばれた道路は建設費を賄うため有料であったが，1830年ごろから公道に切り替えることが多くなった．ただ，冷蔵庫も自動車も

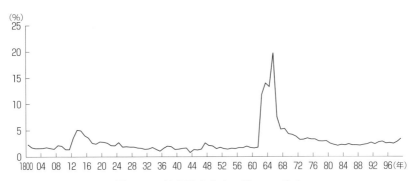

図2-1　連邦政府支出の対 GNP 比率

出所：アメリカ商務省編（斉藤眞・鳥居泰彦監訳）(1999)『新装版 アメリカ歴史統計 第I巻』東洋書林．ミッチェル，B. R. 編著（斉藤眞監訳）(2001)『マクミラン世界歴史統計3　南北アメリカ歴史統計　1750～1993』東洋書林．

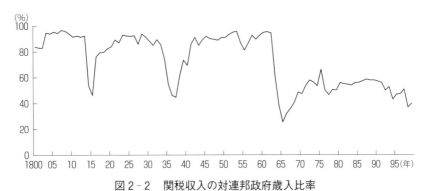

図2-2　関税収入の対連邦政府歳入比率

出所：アメリカ商務省編（斉藤眞・鳥居泰彦監訳）(1999)『新装版 アメリカ歴史統計 第I巻』東洋書林．

　ない時代だったので農作物の長距離輸送は不可能で，道路の持つ経済的インパクトはそれほど大きくなかった．陸路を300マイル（480キロ）運ぶのは船でヨーロッパまで3000マイル運ぶのと同じくらいの輸送費であった（今日でも海運は陸運に比べて費用が低い）．150マイル（240キロ）を越える輸送では農産物の輸送は採算が取れなかった．もっともテネシーやケンタッキーのウィスキーは馬車で東海岸に輸送され，牛も道路を使って消費地に移動されそこで解体されていた．

　次の大きな交通インフラが運河であるが，ここでも州政府の役割が大きい．1817年から60年に建設された運河は，州政府が建設費の60%以上を負担してい

た．連邦政府も西部の運河に関しては国有地を州政府を通して運河運営会社に
与えた．州政府の負担方法の多くは州債を発行しヨーロッパの投資家に買って
もらうものであった．運河でとくに著名なのがニューヨーク州が8年の歳月を
かけて1825年に完成させたエリー運河であり，これによって五大湖地方が東海
岸につながり，それまでのミシシッピ川に沿った南北の物流が東西の物流にな
り，ニューヨーク市がアメリカ最大の都市になる要因となった．ニューヨーク
州バッファローからニューヨーク市までの100トンの貨物の輸送は，それまで
の20日で100ドルかかっていたのが，6日で5ドルとなった．運河と河川によ
る内陸水運に貢献したのは蒸気船の発達である．蒸気船は18世紀末に開発され
ていたのだが，フルトン（Robert Fulton）が燃料効率を改善した．川をさかの
ぼることにはきわめて有効なので1820年代に普及した．

　鉄道は運河にやや遅れて発達した．1830年には運河が2000キロに対して鉄道
は120キロ足らずだったが，1840年に運河も鉄道も5300キロでほぼ同じになり，
1850年に鉄道は14200キロとなり運河は5917キロにとどまった．運河は高低さ
や近くに川が必要など自然条件の制約があり建設可能な運河はすでに作られて
しまったともいえる．1840年までにできた運河は立地条件の良い場所に作られ
たので生き残った．一方，鉄道もすでに運河の通っていた経済的先進地域に建
設された．当初は運河のある町までつなぐ形で補完的に，次第に運河に代替的
に同じルートで建設された．鉄道は19世紀のアメリカの経済に大きく貢献した
といわれるが，鉄道がなければ運河が延命して代替的な役割を担ったとも考え
られるので，1890年でも鉄道による貨物輸送費の節約はGNPの5％足らずだ
という推定もある．

　鉄道建設では民間資本が4分の3近くを負担したので，運河に比べて政府の
役割は小さい．民間企業の株式を外国人投資家が保有することは多かった．そ
れでも，ボルティモアやボストンでは運河の物流から外れたことに危機感を持
った自治体が鉄道建設を促進した．さらに，州政府は鉄道会社の株や債券を購
入したり，税の減免を行ったり駅舎などの鉄道施設を供与する形での支援を行
った．

　一方，連邦政府は1862年に民間鉄道会社であるユニオン・パシフィックに東

向きの，セントラル・パシフィックに西向きの鉄道建設の認可を与え，1869年にユタ州で両社の線路が接合し大陸横断鉄道が完成した．連邦政府はまた鉄道建設のために鉄道会社に国有地を無償で提供した．中西部と西海岸には人が住み鉄道への需要があったが，その間の地域には都市もなかったので連邦政府が支援した．無償提供は世論の反対もあり1871年に中止されたが，1789年から1904年までに処分された国有地の9％は鉄道会社に渡った．

　このように政府は19世紀を通してインフラ整備の形で経済発展に貢献した．20世紀になっても連邦政府と州政府は高速道路の建設に関して，1920年代と1950年代に積極的に関わった．ガソリン税を財源にして建設を推進した．この点，現在のインフラとも言うべきインターネット網に関しては，インターネット技術そのものは国防省が資金援助した研究の成果であり，また電話・通信では規制緩和の形で政府が援助したが，光ファイバーのネットワークの建設などには政府は直接的な関与を行わなかった．

(2)　土地制度

　第3代のジェファーソン大統領はアメリカの理想を独立自営農民の国としていた．実際，19世紀前半の北部はそのように特徴づけられた．しかし，南部は独立以前から地主が奴隷を使って商品作物を生産するプランテーション（大農園）制度であった．したがって，アメリカでは建国時から2つの異なった経済システムが並存していた．

　ジェファーソンの理想は国有地の払い下げで実践された．1785年に最小販売面積を640エーカー（1マイル平方．1エーカーは0.4ヘクタール）として，1エーカー当たり1ドルで販売した．1796年に最小販売面積は640エーカーのままで単価が2ドルに値上げされたが，半額を30日以内，残金は1年以内という分割払いを認めた．しかし，農民には大きすぎて高すぎたので，1800年に320エーカー（4分の1は30日以内，残りは6％年賦で3年間で返済），1804年に160エーカー，1820年には1エーカー当たり1.25ドルで最小販売単位も80エーカー（ただし現金購入のみ）まで下げられた．

　これらの土地購入者は投機目的が多かったので，開拓農民は無断居住者スク

ウォッター（Squatters）として国有地に住みついていた．連邦政府は彼らを開墾の担い手として公認し，1841年の売買権法で160エーカーの土地を彼らに対しては最低価格を下回る値段で販売した．不在地主よりも実際に開墾してくれる人に土地を与えた方がよいと考えられたのである．さらに，1862年のホームステッド法では合衆国市民であれば5年間の開墾と居住を条件に160エーカーの国有地を無償で取得できることにした．

　これらの動きに南部諸州は反対であった．独立自営農民の地域が広がれば自分たちのプランテーション農場が許される場所が少なくなるからである．ホームステッド法は南北戦争開戦後で南部諸州が議会を去っていたので成立した．また，リンカーンは選挙目的もあって西部に好まれる政策を選択していた．

　北部は独立自営農民が多く自給自足であったが，農産物と農機具・日用品を売買するようになり町が形成され，都市ができてきた．一方，南部は所得分配が不平等で人口ほど財の需要が増えず，奴隷労働があったので農機具の需要も伸びず製造業が発展しなかった．奴隷の暴動を避けるため，奴隷解放運動家と接触させないため，疫病に感染して死んでしまうのを防ぐために奴隷を町に集めて住まわせず，各農場に住まわせた．このため人口密度が低いままで都市が形成されなかった．

(3)　奴隷制度と南北戦争

　奴隷は1619年にオランダ商人がバージニアに持ち込んだのがはじまりで，それまでの白人の年季奉公人に取って代わった．元々，綿花は南部大西洋岸のみで栽培されていた．内陸部の綿花は種と繊維の分離が難しかったからである．1793年にホイットニー（Eli Whitney）が発明した糸繰り機は生産性が高く，内陸種でも利用可能であったので，需要の高まった綿花の生産は南部全体に広がった．1807年に奴隷の輸入は禁止されたが，綿花の生産のために奴隷が広範に利用された．南北戦争前には南部には618万人の白人と400万人の奴隷がいた．輸入された奴隷は50万人だったので自然増であった．白人のうち奴隷のいる世帯は35万（5.6%），人口でいえば3分の1程度の白人が奴隷を使う家庭にいた．50人以上の奴隷を持つ大地主は8000人いた．1840年でアメリカの綿花生産は世

界の60％であり，アメリカにとって綿花の輸出額は輸出全体の50％であった．綿花はアメリカ経済にとってきわめて重要だったのである．

　奴隷は強制労働の象徴のような印象がある．実際，前述のように奴隷が町に集められず各農場に住み着いたのは，奴隷の暴動を防ぐという理由もあった．また，南北戦争の緒戦での南部の善戦は南部では奴隷の反乱に備えて将校の臨戦意識が高かったためともいわれている．これらからは鞭打たれる奴隷のイメージが浮かび上がる．しかしながら，1970年代にエンガーマン（Stanley Engerman）とフォーゲル（Robert Fogel，1993年ノーベル経済学賞受賞）は，奴隷を使ったプランテーション農場の生産性は悪くなかった，奴隷のオーナーも奴隷が死んでは困るので牛や馬のように丁寧に扱った，と発表し議論を巻き起こした．しかし，経済的に非効率的な制度であれば自然消滅するので南北戦争は要らなかったともいえるわけで，経済的には効率的だが道義的に問題な制度を廃止するには南北戦争のような犠牲がやむをえなかったのである．

　人間を商品として扱う非人間的制度であり，生まれながらにして奴隷ということは世襲の階級を否定するアメリカの理念に反するというイデオロギー的理由から北部は奴隷制に反対するようになった．しかし，北部の世論もリンカーン自身も奴隷州の奴隷を解放することまでは考えていなかった．奴隷制度は奴隷州の中に閉じ込めておいて，単に西部で新しくできる州に奴隷制度を広めないで欲しいと思っていた．しかし，南部諸州からみればリンカーンの大統領就任は奴隷制度の将来にとって絶望的に思えた．

　1860年の大統領選直後にサウスカロライナ州が合衆国を離脱し，南部諸州がこれに続き，1861年2月にディビス（Jefferson Davis）を大統領としてアメリカ連合国（Confederate States of America）を樹立した．リンカーンは奴隷制度の存廃よりも南部諸州が国を割ったことに激怒して南北戦争が始まった．奴隷州の中には開戦後に連合国に加わった州と合衆国にとどまった州とに分かれた（図2-3参照）．経済力でいえば北部が圧倒的なのだが，南部にはリー（Robert Lee）将軍らの優れた指導者がいたので善戦した．当初北部の侵攻を防いでいたときには技術進歩が著しかったライフル銃で塹壕にこもれば効果があった．しかし，南部は経済封鎖され元々弱体だった経済基盤が疲弊していき，起死回

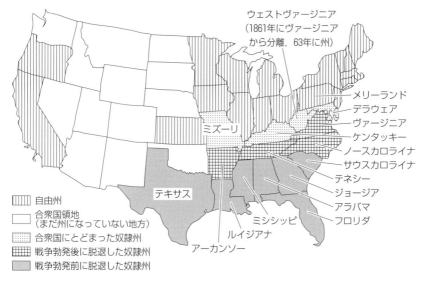

ウェストヴァージニア
（1861年にヴァージニア
から分離，63年に州）

メリーランド
デラウェア
ヴァージニア
ケンタッキー
ノースカロライナ
サウスカロライナ
テネシー
ジョージア
アラバマ
フロリダ

ミズーリ

テキサス

ミシシッピ
ルイジアナ
アーカンソー

||||| 自由州
☐ 合衆国領地
　（まだ州になっていない地方）
∷ 合衆国にとどまった奴隷州
⊞ 戦争勃発後に脱退した奴隷州
▨ 戦争勃発前に脱退した奴隷州

図2-3　南北戦争勃発時の奴隷州

出所：有賀貞・木下尚一・志邨晃佑・平野孝編（1994）『アメリカ史1』山川出版社をもとに筆者作成.

生を図った北部侵攻が失敗したので，時間と犠牲を払ったが1865年に北部が勝利した．1862年の奴隷解放宣言は戦争中に行われている．リンカーンは分離派との戦いでなく奴隷解放の戦いと定義することで，西欧諸国がアメリカ南軍を支援することを自国民に説明することを難しくした．

　北部の勝利によって憲法が改正され人を売買する奴隷制度は廃止されたが，人種差別そのものが否定されたわけではない．奴隷は解放された後は元の地主のところに戻り小作人になった．黒人世帯主に40エーカーの土地を与える法案は上下両院を通ったが，ジョンソン（Andrew Johnson）大統領が拒否権を発動した．身分は自由になったが土地は与えられず，収穫は地主と分け合っていたので（小作人の取り分は2分の1が多かった），南部の黒人の経済的困窮が長く続くことになった．さらに，1896年の最高裁判決（Plessy v. Ferguson）は鉄道施設が白人向け，黒人向けと分かれていても，黒人向け施設がある以上，違憲ではないという「Separate but Equal」の原則を打ち出した．これによって南部では人種分離が続くことになった．本当の意味での人種差別禁止は1964年の

公民権法を待たなければならなかった．さらに1965年の大統領行政命令によっ
て，連邦政府と契約する企業における非白人の優先雇用が義務付けられた．こ
れがアファーマティブ・アクションと呼ばれるもので，連邦政府と研究費など
で契約を結ぶ大学の入学選考でも黒人が優先されることになったが，これに対
して白人から，成績の良い白人が入学できなくなるのは逆差別であるとの批判
も出て裁判になっている．

2．金融制度の確立

(1)　中央銀行の興廃

　第1章で述べたように合衆国憲法に規定されていることのみが連邦政府の責
務であり，それ以外は州政府の責務である．憲法に規定されていないことを連
邦政府が行えば憲法違反となる．憲法は議会に鋳造権（コインを製造する権限）
を与えたが，紙幣発行や銀行の監督は規定されていない．

　アメリカの最初の銀行は1782年にフィラデルフィアで設立された Bank of
North America である．その後も州政府が設立の認可を与えた．1789年に3
行のみだったが，1790年に28行，19世紀の最初の10年では73行が設立された．

　アメリカが中央銀行を持つべきか否かが議論となったが，1791年に議会は中
央銀行としての合衆国銀行を設立する法案を通した．ジェファーソンはワシン
トン大統領に対して，銀行の設立という合衆国憲法に規定されていないことを
連邦議会が行うことは憲法違反であるから，拒否権を行使するように求めた．
ハミルトンは，鋳造権の延長しての貨幣の価値を保持する役割ならびに財政を
安定化させ商業基盤を支えることは議会の責務であるから，その一環として中
央銀行を設立することは問題がないと大統領を説得した．結局，大統領が署名
して第一合衆国銀行（The First Bank of the United States）が設立された．この
中央銀行は国が認可した民間銀行で，国が株の5分の1を所有し，利益の5分
の1が国庫に納入された．ただ，この銀行は20年の期限付きで認められていた
ので，1811年に延長が議会で審議された．国が後ろ盾に立っている民間銀行の
力が強くなることを恐れた州政府設立の商業銀行や農民が延長反対だったため，

下院は1票差，上院は同点で議長を務める副大統領の一票で廃止が決まった.

　中央銀行が廃止された翌年の1812年に対英戦争がおき，戦費の調達に支障をきたした. モンロー（James Monroe）国務長官は私費を投じてニューオリンズの連邦政府軍を支援していた. そこで，議会はやはり中央銀行が必要だと認識し再び1816年から20年の期限付きで第二合衆国銀行が設立された. 当初は1820年の恐慌に有効な手立てを打てないなど充分に機能しなかったが，1820年代後半はビドル（Nicholas Biddle）総裁になり機能するようになった. しかし，認可更新が迫る中，1828年に当選したジャクソン大統領は第1章で述べたように初の平民大統領だったが，中央政府権力を嫌った頑強な州権主義者だったので，中央銀行にも批判的だった. ビドルは36年まで待たずに32年に議会に更新を求めた. 上下両院が更新に賛成するが，ジャクソン大統領が拒否権を行使した. 合衆国銀行の存続が争点の1つとなった1832年の大統領選挙では，国民から人気のあったジャクソン大統領が再選され，1833年からは政府資金が第二合衆国銀行から引き上げられた. ビドルは第二合衆国銀行の業務をわざと滞らすことで中央銀行の重要性を市民に示そうとしたが，意図的に経済全体に悪影響を及ぼすことができるような組織の存在そのものが批判されることになり，国民の支持を得るためにはむしろ逆効果であった. 結局，1836年に営業期限を迎えて第二合衆国銀行は廃止されてしまった.

　その後は州政府の認可した州法銀行が主流となった. ただ，金に兌換できる正貨の準備率は10％と定めた州が多かったが守られておらず，州法銀行券が乱発されていた. 1837年の恐慌はこの放漫な体質に反省を求めることになり，1837年のミシガン州，1838年のニューヨーク州を皮切りに自由銀行法が成立した. これは，州政府の裁量でなく一定の基準（ニューヨーク州では10万ドルの資本）を満たした銀行は自動的に認可されることとした. しかし，実際には西部諸州を中心に甘い基準で設立を認めたため銀行が乱立することには変わりがなかった.

　南北戦争が勃発して統一した通貨の必要性が認識され，1863年の全国通貨法，翌64年の国法銀行法で連邦政府が認可する国法銀行が設立されることになった. さらに，1865年には州法銀行の紙幣に高い税金をかけ，国法銀行への転向を促

したが，州法銀行も資金をかき集めて生き残った．国法銀行になるのはハードルが高かったので，個人銀行（Private Bank）も増えた．これらは農村部の資金需要に応えていたが，乱立したので規制が加えられることとなり，何とか基準を満たせた銀行が州法銀行になった．こうして，19世紀末には州法銀行が急増していた．中央銀行が存在せず，国も州もそれぞれが銀行を認可・監督するという分権的な金融制度の下でアメリカは急速に工業化を進めた．

(2)　農民運動と金本位制の確立

　国法銀行は保有する公債を担保に銀行券を発行していた．これが実質的な合衆国紙幣であった．一方，南北戦争中に財務省は（金との交換を保証しない）不換紙幣であるグリーンバックを発行していた．これは戦時下の措置なので回収されるべきものであった．金貨と銀貨の両方が流通していたが，1873年の鋳貨法で銀貨を廃止し，1834-37年に定められた純度での金貨に統一することになった．さらに1875年制定の正貨兌換再開法（施行は1879年）ではグリーンバックを国法銀行券で置換することになった．1879年の兌換開始までに，グリーンバックは金貨と交換された．

　19世紀後半は技術進歩，生産の拡大の中，農産物価格が低迷した．物価全般が低下していたので，農民の実質所得は下がっていなかったのだが，農民は生活が苦しいと感じていた．さらに，大企業によって搾取されているとも感じていた．農民からみれば，鉄道は農産物をヨーロッパに輸出するため東海岸の港へ運んでくれるので恩恵をもたらせてくれるはずだったが，実際には鉄道側の交渉力が強く，農民は高い料金を払わされた．また，鉄道はロックフェラー（John Rockefeller）の石油会社（スタンダードオイル）には低料金を提供するという価格差別をしていた．農産物仲買人，（穀物の収穫までの期間）資金を前貸しする金融業者，さらに穀物を保管する倉庫（エレベーター）業者からも搾取されていた．農業が資本主義に取り込まれていくと自分達の利益を奪う業者が現れていると感じていた．

　1867年，ケリー（Oliver Kelly）の指導力の下，各地で農民の相互救済のための地域組織であるグレンジ（grange）が結成されるようになった．彼らによる

政府への陳情活動がグレンジャー運動である．グレンジャー運動には，鉄道から特段の恩恵を受けているロックフェラーに競合する石油会社や過当競争に疲れた鉄道会社が支持を表明した．この運動は1887年の州際取引法に結実し，州際取引委員会（Interstate Commerce Commission, ICC）が設立され，連邦政府が州をまたいだ事業には規制を加えるようになったが，農民にはあまり恩恵がなかった．さらに，農民の独占・大企業への不満は，競争政策（反トラスト法）にもつながっていくのだが，詳細は第4章で説明する．

　農民はまた貨幣の流通量が少なすぎるのでデフレが続いていると考え，金貨以外の流通を主張した．1874年，グリーンバックの増発を主張してグリーンバック党が結成された．1876年の大統領選挙には敗れたとはいえ独自候補としてクーパー（Peter Cooper）を立てた．1878年の中間選挙（大統領選挙の2年後に行われる議会選挙）では100万票を獲得した．負債を抱えている企業はインフレを望む（物価が上がっていると借金は返しやすい）ので，産業界の中にはグリーンバック党を支持する人もいた．あわてた政府はグリーンバックの回収を中止するだけでなく，むしろ発行高を増やした．要求が叶ったのでグリーンバック党の勢いは衰えた．

　グリーンバック党に代わって勢力を得たのは，金貨だけでなく銀貨の流通を主張する自由銀運動である．彼らは金貨のみを認めた1873年の鋳貨法の廃止を求めた．1878年のブランド・アリソン法で財務省が毎月，200-400万ドルの銀貨を買い取ることによって，銀も通貨として認められ，金と銀の複本位制度が実現した．ただ，これは世界のトレンドである金本位制に逆行しているので産業界からの支持は得られなかった．複本位制では金と銀の交換比率が国内と国外とで一致しなければならず，そうでないと混乱が生じる（幕末の日本が経験したケースである）．

　共和党は農民の支持を得るため，銀の問題に善処すると約束し高関税にも農民の理解を得て1888年の大統領選挙に勝利した．そして，シャーマン銀購入法が制定され，政府が毎月450万オンス（ブランド・アリソン法の買取額の2倍に相当する）銀貨を買い取って財務省紙幣で払うことになった．

　農民側は1892年の大統領選挙では，人民党を結成し独自候補ウィーバー

（James Weaver）を立て，政府が農産物を担保にグリーンバックを貸し付ける提案を行うが，勝利することはできなかった．当選した共和党のクリーブランド（Grover Cleveland）大統領は，1893年にシャーマン銀購入法を廃止した．銀を購入することを義務づけられた財務省は金の支払いを維持できなくなるのではないか，という懸念が1893年の恐慌を引き起こしたと考えられたためである．

　次の1896年の大統領選挙では人民党は民主党のブライアン（William Bryan）を支持したが，共和党のマッキンレー（William McKinley）に敗れた．景気が好転したこともあって，農民による政治運動は退潮していくことになった．1900年の通貨法によって金銀複本位制は否定され，金本位制が正式に確立した．南アフリカや西オーストラリアで金鉱が発見され，シアン法が開発され金を抽出しやすくなり，世界的に金の流通量が増えたので，金本位制のもとでの好況がもたらされた．

(3)　資本市場の発達と連邦準備制度の設立

　南北戦争までアメリカの証券会社（投資銀行と呼ばれる．日本での通常の銀行は商業銀行と呼ばれる）は鉄道や運河の建設のため発行された債券をヨーロッパの投資家に売っていた．南北戦争をきっかけに国債，株，金の取引が活発になり，証券会社も国内での販売を重視するようになった．ニューヨーク証券市場は1792年にブローカー間のギルド（同業者組合）的な組織として始まった．1817年には正式な取引ルールを定め，New York Stock and Exchange Board を設立した．そして，フィラデルフィアに代わってアメリカ最大の資本市場となった．これには，エリー運河が1825年に開通しニューヨーク市が穀物の集積地になったこと，ニューヨーク州が1838年に自由銀行制度をいち早く導入したこと，さらに，1844年に電信が発明され地方株式市場が衰退しニューヨークへの集中が高まったことが追い風となったためである．

　南北戦争後には国債，株，金など取扱商品が増えたので，特定の商品に特化した取引市場ができた．その中の1つが Open Board of Stock Brokers で，それまでは個別銘柄を1日に1回取引して値をつけていたのを，1人の担当者が特定銘柄を1日中取引するやり方を導入した．1869年に New York Stock and Exchange Board と Open Board of Stock Brokers とが合併して，New York Stock Exchange（NYSE）と改称した．

　NYSE の名声は高まり，NYSE で取引されることが企業にとって質の高さの証となった．一方，NYSE も中小企業の株は扱わなくなった．銀行が小規模で経営基盤が弱いアメリカの金融システムは，株・社債で資金を調達できない中小企業には不利で，大企業体制が確立される要因となった．

　中央銀行がないままアメリカは経済発展を遂げてきたが，1837年，57年，73年，93年，1907年に恐慌がおこり，銀行が破綻し，また銀行の破綻が恐慌を悪化させていた．議会では1890年代から金融改革が審議されていたが，1907年恐慌によってそのペースを上げざるを得なくなった．議会審議での紆余曲折を経て，1912年では中央銀行がついに提案されるものの廃案となったが，ようやく1913年12月に連邦準備法が成立し，中央銀行としての連邦準備制度が翌年からスタートした．同法の主な内容は，緊急時には連邦準備銀行券を発行できる．銀行にだけ貸し出す（第二合衆国銀行は個人や企業に貸し出しをしていたのでえこひいきとの批判を受けていた）．任期はついていない永続的組織で，過去2回のように議会が任期延長を審議する必要がない，ということであった．

　1914年に設立された連邦準備制度（Federal Reserve System）では，全米を12の地区に分けて連邦準備銀行（連銀）が置かれ，その地区で連邦準備制度のメンバーになった商業銀行が出資する．各連銀には理事が9人いる．メンバーの銀行は，銀行家から3人，非銀行家から3人を選び，理事会が産業界・労働界・農業・消費者の代表から3人を選ぶ．地区連銀の総裁は各地区の理事によって選ばれるが，2010年以降は銀行家出身の理事には投票権がない．

　当初は強力な中央銀行に対する伝統的懸念から分権的な運営であったが，大恐慌への対応で1935年にワシントンにある理事会の力が強まった．連邦準備制度局（Federal Reserve Board）は連邦準備制度理事会（Board of Governors of the Federal Reserve System）と改称され（ただし以下，本書では中央銀行としての連邦準備制度を "FRB" と呼ぶ），各地区で選ばれた連銀総裁を承認するか否かの権限が与えられた．

　FRB の7人の理事は大統領が任命し上院が承認する．任期は14年である．

再任はないのだが，任期満了前に辞任してその後，再任命されると14年以上，勤務することが可能である．2年ずつずれて任期が切れるので，大統領は自分の4年の任期の間で2人は任命できる．また，理事の給与はその人の能力に見当たったほど高くないので，任期途中でやめてしまう場合もあり，大統領は4年間に2人以上を任命することが多い．それでも，大統領の理事任命での影響力は限定的である．理事は14年の任期中は罷免されない．再任されないので再任を目指して政府・議会に媚びる必要がない．連邦準備制度自身が有価証券を持っているので予算の面で議会・政府を恐れる必要もない．7人の理事の中から大統領が議長を任命し上院が承認する．議長の任期は4年だが再任は可能である．議長の任命では大統領と議会は影響力を持っている．第3章で述べる公開市場操作委員会の委員は7人の理事と5人の地区連銀の総裁（ニューヨーク連銀の総裁は常にメンバーに入る）から成るが，過半数を握っているので理事会の影響力が強い．

　FRBのような中央銀行は政府・議会と適度の距離を保つことが望ましい．政治家は次の選挙まで景気が良くなっていればよいという短期志向である．また，中央銀行が政府の財政赤字負担を軽減しようとすると，国民に銀行預金でなく国債を買おうと思ってもらうために利子率を低く保とうとする．市場利子率が低ければ国債は利回りが低くても売れるし，国にとっての利子支払い負担を抑えることができるからである．また，第3章のコラムで述べるように債券の現在価値は利子率の逆数であるので，利子率を低くすることで債券の現在価値が高まり魅力的になり売ることができる．このように政府と中央銀行が密接すぎると財政赤字を助けるために金融緩和政策が取られインフレが招来される懸念があるので中央銀行は独立であることが望ましい．一方，中央銀行の独立性にも批判がある．政治家は少なくとも選挙によって選ばれているので，中央銀行も彼らの意向に沿うべきだといえる．さらに，財政政策と金融政策が整合的で金融政策が財政政策を助けるのはむしろ好ましいとも考えられる．

3．大恐慌とニューディール政策

⑴　大恐慌の原因

　第1次世界大戦でヨーロッパ経済が疲弊したので，アメリカは世界一の経済大国になり，ロンドンに代わってニューヨークが資本市場の中心になり，1920年代は好景気を謳歌していた．しかし，1929年秋の株価の暴落に続いて1930年代は大恐慌の時代となった．株価下落の原因としては，1920年代の株価上昇で潤ったのは高所得者層であったので低所得者層との所得格差が拡大したことがあげられる．株価暴落直前には上位1％の家計の可処分所得シェアは20％弱，上位5％の家計のそれは35％近くに上昇していた．移民制限によって人口増加も鈍化し購買力を持った階層の需要が飽和した．住宅建設投資はすでに1925年から減少していた．自動車などの耐久消費財が行き渡り買える人は買ってしまい，買えない人には手が届かなくなり需要が飽和していた．生産の緩やかな低下が1929年には起きていた．しかし，株価が実勢を超えて上昇するバブルの様相をきたしてきたのをフーバー（Herbert Hoover）大統領もFRBも警戒し1929年8月に利上げを行っていた．こうして，株が暴落した．

　株価の急落はさまざまなインパクトをもたらす．まず顕著なのが企業が資金を集められなくなり設備投資が減少することである．消費は基本的には所得（毎期入ってくるフローの金額）に依存するが，資産（蓄えたストックの金額）にも影響される．収入は少なくとも資産が大きければ借金して消費はできるのである．株価下落は人々の資産を減らすので消費も落ち込む．不況が続くと失業が発生し，失業者は所得を減らし消費も落ち込む．

　さらに，企業が倒産するとそこに貸し出していた銀行が倒産する．銀行は家計の小口の貯蓄を集めて企業に融資するという役割があるので，銀行が破綻してしまうと企業は資金を調達できず設備投資がさらに落ち込む．

　不況が長引くとデフレ（物価の下落）がおこる．財・サービスが安くなるのは一見，望ましいようだが，デフレは負債（借金）の実質負担を大きくする．借金の契約は「今年，1万ドル借りて来年に1万500ドルにして返す」といっ

表 2 - 1　　大恐慌の様相

年	名目 GDP (10億ドル)	実質 GDP (2000年基準. 10億ドル)	消費者物価指数 (1967年＝100)	貨幣供給量 (M1, 10億ドル)
1929	103.6	865.2	51.2	26.6
1930	91.2	790.7	50.0	25.8
1931	76.5	739.9	45.5	24.1
1932	58.7	643.7	41.0	21.1
1933	56.4	635.5	38.9	19.9
1934	66.0	704.2	40.1	21.9
1935	73.3	766.9	41.0	25.9
1936	83.8	866.6	41.6	29.6
1937	91.9	911.1	43.1	30.9
1938	86.1	879.7	42.2	30.5
1939	92.2	950.7	41.6	34.2
1940	101.4	1,034.1	41.9	39.7
1941	126.7	1,211.1	44.0	46.5

出所：Hughers, J. and Ccain, L. P. (2011) *American Economic History 8th ed.* Boston: Addison-Wesley, pp. 479, 485.

た名目ベースである．物価が上昇しているときは原材料費も賃金も上がっているが，自分が売っている商品の価格も上がっているので利子を含めても簡単に借金を返済できる．逆にデフレになると借金が返しにくくなり，倒産してしまう．企業倒産がさらなる銀行破綻を生むという悪循環が続いた．設備投資に影響する実質利子率というのは名目利子率からインフレ率を引いたものだがデフレの時はインフレ率がマイナスなので名目利子率が低くても実質利子率は高くなり，設備投資を妨げることになる．

　株価暴落と景気後退は過去にも度々起きていたのだが，今回はインパクトが大きく1930年末に農村部を中心に銀行倒産が相次ぎ1931年になってもなかなか景気が回復しなかったので，悲観論が一気に広がって，消費と投資がさらに落ち込んだ．表 2 - 1 が示すように物価減少（デフレ）が進行したため，実質GDP以上に名目 GDP の減少が著しくほぼ半減している．

(2)　政策・制度の不備
　株価暴落で始まった不況を長期化・深刻化させたのは，政策や制度の問題も

ある．1929年の大統領は共和党のフーバーであった．彼は商務長官を経験し優秀で勤勉な人物であったが，なすすべがなかった．連邦政府予算が均衡することが投資家の信用を回復させ株価向上にもつながると考えて，均衡予算を組んだ．不況で税収が減っているところに増税と政府支出削減という緊縮予算で均衡させるというのは，今日から見れば明らかに誤りであった．しかし後述するように，ルーズベルト（Franklyn Roosevelt）政権も均衡予算の呪縛から逃れ切れていないので当時の経済学の知識からはやむをえない部分もある．

　また，復興金融公庫を設立して産業支援のための融資を行ったが，議会の要請で融資した銀行名を公表したところ，その銀行は破綻の可能性があるのではないかと思われてしまい，預金引き出しが殺到し，そして本当に破綻に追い込まれてしまった．1933年初めにアメリカは深刻な銀行危機に直面した．

　1930年のスムート・ハウリー法は保護関税法であった．1000人以上の経済学者が反対署名に加わったが議会が成立させた．アメリカの製造業を守るためだが，ヨーロッパが報復して関税を高めた．とくにアメリカからの農産物輸出が低迷し農産物価格がさらに下落し農村部での銀行破綻が増えた．この法律によってアメリカ大恐慌が世界大恐慌になったともいわれるが，最近の研究では世界貿易の縮小がアメリカ経済に与えたインパクトは大きくなかった．

　貿易面で問題だったのは金本位制である．金の裏づけがないと貨幣を発行できないという制度は，安易な貨幣発行によるインフレーション発生を未然に防ぐ点では好ましいのだが，1930年代にはマイナスに働いた．金は利子率の高い国に流れるので，金を保有するためには利子率を高めなくてはならず，これは不況をさらに悪化させる．一方，利子率を低くして金の流出を許しておけば，貨幣供給量が減ることになるので，これも不況時には好ましくない．金本位制は金融政策の自由度を奪ってしまうのである．また，1931年にイギリスが金本位制から離脱したので，次はアメリカが離脱するかもしれないという憶測から，外国人による「ドル売り・金買い」が殺到しアメリカから金が流出して，FRBもドルの価値を維持しようと利子率を引き上げたので，不況が深刻化した．

　さらに，設立されてまもなくのFRBの対応も不充分であった．大恐慌の初

期に破綻したのがFRBに加盟していない農村部の小さな銀行であったので，FRBは危機意識が低かった．ニューヨーク連銀のストロング（Benjamin Strong）総裁が1928年に亡くなりリーダーシップが欠如していた．ワシントンにある連邦準備局がニューヨーク連銀から主導権を奪おうとしており，ニューヨーク連銀の金融緩和提案をわざと退けるなど内部にも問題があった．さらに，名目利子率が低下していたので，金融は緩和していると考えていた．しかし，デフレなので実質利子率は高くなっており，貨幣供給量も減少していた（表2-1の1番右の列を参照）．第3章で述べるが，マネタリストと呼ばれる学派はFRBが貨幣供給量の減少を看過させたことを唯一無二の大恐慌長期化の原因とみなす．多くの経済学者はFRBの失策は大恐慌が長期化した重要な要因ではあるが，大恐慌ほどの大事件を単一の原因に帰すのは難しいと考えている．

　さらに，制度面の問題もある．当時のアメリカは社会保障制度が整備されておらず，失業したら所得が大幅に減少してしまった．このことが消費の落ち込みをさらに深刻なものにした．また，当時は銀行が倒産すれば預金は返ってこなかった．そのため，銀行がつぶれそうだという予想（もしくは噂でさえ）が預金者を貯金の引き出しに走らせ，銀行が本当に破綻してしまった．

(3) ニューディール政策

　ルーズベルトは1933年3月4日に大統領に就任した[1]．就任早々，民主党が多数派となった議会とともに対策を講じた．このとき短期間に多くの改革案を成立させたので「百日議会」とよばれた．

　1933年3月6日に銀行休業日が設けられ，一旦，すべての銀行を閉鎖した．ルーズベルト大統領はラジオ演説で「政府が審査して安心できる銀行から順次再開する」と国民に訴えた．1週間後に再開が始まったのだが，パニックは起こらなかった．1週間で銀行の審査が充分に行われたとは思えないので，ルーズベルト大統領による国民の不安を和らげるための発言であったと考えられるが，銀行破綻に歯止めをかけることに成功した．

　フーバー政権下でのペコラ（Ferdinand Pecora）による調査委員会で証券業界の不正が明らかになり，何らかの改革が求められていた．ルーズベルト政権

発足後の「百日議会」では，上院ではグラス（Carter Glass）議員が証券業務と
銀行業務の兼業の禁止を提案していた．銀行がハイリスク・ハイリターンの証
券業務にかかわったことが経営を不安定にしたと考えられたからである．兼業
は認められていなかったが抜け道があり実際には行われていた．兼業していた
大規模な銀行が破綻しやすかったわけではないのだが，兼業が銀行経営のリス
クを高めたと考えられた.

　一方，下院ではスティーガル（Henry Steagall）議員が銀行が破綻しても預金
が霧散しない預金保険制度を提案していた．預金がなくなってしまうという不
安が取り付け騒ぎを起こしたからである．グラス議員は銀行経営を健全に保て
ば銀行倒産はありえないと考えていた．そして，保険の対象は連邦準備制度加
盟銀行に限定しようとした．一方，スティーガル議員は非加盟の銀行のために
連邦預金保険公社を新設して保障しようとした．結局，グラス議員も妥協して
連邦預金保険公社（Federal Deposit Insurance Corporation, FDIC）が設立された.
こうして，グラス・スティーガル法とよばれる1933年銀行法は証券業務と銀行
業務の分離と預金保護を含むものになった．モルガン商会は商業銀行のJ. P.
モルガンと新設された投資銀行モルガン・スタンレーに分離した．さらに，
1935年の銀行法ではFDICが恒久化されるとともに，定期預金の金利の上限が
定められた．これは預金集めのため銀行が預金金利を引き上げ，これを埋め合
わせるためにハイリスクな融資・投資を行ったために銀行が破綻したと考えら
れたからである（ただし，これも明確に実証されたわけではなかった）.

(4) 産業への介入政策の挫折

　「百日議会」は全国産業復興法（National Industry Recovery Act, NIRA）を成
立させ全国復興局（National Recovery Agency, NRA）が設立された．同局は企
業間の競争が価格低下につながりデフレを悪化させている考え，政府主導で競
争抑制を図った．官製カルテルを行うため公正競争規約（Code of Fair
Practice）を定めた．しかし1935年，これに従わなかった養鶏業者が政府を訴
えた裁判（Schecter Poultry v. US）で最高裁判所はNIRAを違憲と判断した.
行政府が規約を作るのは議会の立法権を侵害したというのが理由である．法律

が違憲になったのでNRAも活動を中止せざるを得なくなったが，NIRAの一部が1935年のワグナー法（全国労働関係法）となり，全国労働関係局（National Labor Relation Board, NLRB）が設立され社会保障や失業保険など労働政策の先駆となった．これには1937年に合憲判決（NLRB v. John & Laghlin Steel Corp.）がでた．

また，違憲判決以降，ニューディール政策は反トラスト政策強化の方向に転換し，独占という意味から特許にも批判的になり，1860年代からのプロパテント（特許権に好意的な）政策がアンチパテント（特許権に批判的な）政策に代わり，これは1970年代末まで続くことになる．

やはり1933年には農業調整法（Agricultural Adjustment Act, AAA）が成立した．これは農家の穀物を担保に連邦政府が金を貸すという補助や，生産調整による農産物価格維持を含んでいた．ところが，これも1936年に農業は州内でのみ生産活動が行われ，州政府の管轄に属するので，連邦政府の介入は違憲だという判決（US v. Butler）が下った．連邦政府は土地保全という名目で介入し，耕作しない農家に補助金を出す形で減産を奨励した．1938年に新農業調整法が成立し，連邦政府は凶作時に備えて穀物を備蓄し，その買取量を通じて価格に影響力を及ぼすことになった．耕地面積制限や特定の穀物の支援など統制色が強いものになったが，1942年に合憲判断（Wickard v. Filburn）が下り，戦後も政府が農業に介入し続けることになった．

1935年から36年に最高裁は南部出身の保守的な判事が中心になってニューディール政策に違憲判決を出していた．これに不満を持ったルーズベルト大統領は70歳になっても離職しない判事の数だけ判事を増員できる（リベラルな判事を任命できる）法律改正を提案した．結局，議会では不成立になったが，最高裁に少なからず影響を与えた．最高裁の側も市民から人気の高い大統領による非常時対策に杓子定規の憲法議論を行っていることへの世論の批判を感じていたので，次第にニューディール政策を否定しなくなった．

(5) 公共事業と財政政策

当初の失業対策としては，1933年に成立した連邦緊急救済法によって緊急救

済局（Federal Emergency Relief Agency, FERA）が設立され，州政府・自治体を通して5億ドルを現金で失業家庭に直接，給付した．フーバー政権下でも失業者への給付は行われており，当初は財源は州政府だったが，底をついていたので連邦政府が資金を出すことになっていた．しかし，ニューディール政策では次第に単にお金を渡すだけでなく公共事業によって雇用して給与を与える方針になった．自尊心を守り，技能を維持・向上させるためである．

　国土保全部隊（Civilian Conservation Corps, CCC）は若い男子を森林・国立公園の整備に就かせた．1930年から40年の間で250万人を雇用した．1933年に土木工事局（Civil Works Administration, CWA）のプロジェクトは2カ月で7億ドルを使って400万人を公務員として雇用した．しかし，あまりに費用がかかるのと，産業界とくに公共事業を安く請け負われてしまう中小土木業者が反発し，また失業家庭がカウンセリングから離れてしまうことへの懸念もあり，CWAは廃止され，FERAによる給付に戻った．

　一方，NIRAの一部として大規模な公共事業のための公共事業局（Public Works Administration, PWA）が設けられた．内務長官イッキーズ（Harold Ickes）が兼任した．ダム・発電所，学校，市役所，サンフランシスコのゴールデンゲートブリッジ，空母のエンタープライズやヨークタウンなどはこのプロジェクトの成果である．60億ドルを使い全体としての評価は必ずしも高くなかったが不正は1件も起きなかった．テネシー渓谷開発公社（Tennessee Valley Authority, TVA）は7州，1000キロにわたるテネシー川流域での治水・電力供給だけでなく土地・森林の保全や学校・リクリエーション施設の建設まで含んでいた．地域総合開発という遠大な目標は必ずしも達成したわけではないが，数多くの巨大なダムの建設はニューディール政策を象徴するものとして人々に印象づけられた．現在も公社は存続しているが主力は火力発電になっている．

　1935年に成立した救済支出法によって設立された就業促進局（Work Progress Administration, WPA：ただし，Progressは左翼的な響きというのでProjectsに改称）はCWAの後継として公共事業を行った．長官はCWAのときからのホプキンス（Harry Hopkins）であった．道路，学校，公共施設の建設を行い1941年までに114億ドルを使って800万人を雇用した．ニューディール政策の公共事業は失

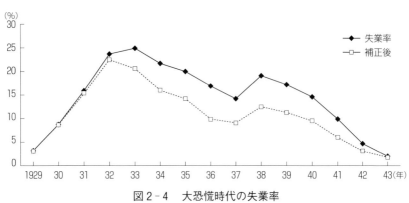

図2-4 大恐慌時代の失業率

出所：Walton, G. M. and Rockoff, H. (2010) *History of the American Ecoomy, 11th ed.* Mason, Ohio: South-Western, Cengage Learning, p. 444.

業している芸術家なども雇用したのでこれらのプロジェクトでできた建物は不況期の建築にも関わらず豪華なものが多い.

　しかし，ニューディール政策の公共事業は量的に不充分であったというのが今日の経済学者の理解である. たしかに財政赤字は膨れたがこれは不況で税収が減ったためで政府による公共事業は規模が大きくなかった. また，ルーズベルトも1932年の候補受諾演説で「ニューディール」という言葉は用いたが，確固たるビジョンがあったわけではない. 選挙中は均衡予算を提案していたほどであり，彼は公共事業で財政赤字が増えることを懸念していた. 実際，1937年には景気回復の兆しが見えたのでインフレを懸念し始め，財政赤字の削減を目指した. PWAは1938年1月で閉鎖されることになり，WPAは予算が縮小した. しかし，景気回復の足取りは重く，財政引き締めは時期尚早で失業率の上昇を招いた.

　図2-4は失業率の推移である. 一般に発表されている失業率では前述の連邦政府によるさまざまな公共事業に雇用されている人は賃金が安く雇われているので失業者とみなされてきた. 彼らも失業者に含めれば最悪時には失業率は25％弱になっている. しかし，彼らは働いてはいたので失業者から除いたものが「補正後」である. たしかに，公共事業は失業率を数ポイント下げてはいるが，それでも高い失業率が続いていたことがわかる.

　不況期には財政赤字の拡大はやむをえないとは当時の経済学者は認識してい

たが，明確な理論的裏づけがなかった．ニューディール政策は試行錯誤の連続
であり，理論的裏づけがないので自信を持って財政赤字を拡大させてでも公共
事業を増やすということができなかった．当時の経済学者の漠然とした考えに
理論的枠組みを与えたのが，イギリスの経済学者ケインズ（John M. Keynes）
でありそれは1936年の『雇用，利子および貨幣の一般理論』でなされた．ルー
ズベルトとケインズは1934年にアメリカで会談したことがある．しかし，ケイ
ンズの理論をルーズベルト自身が理解したとは考えられなかったし，1936年以
降も政権スタッフが『一般理論』を理解して政策提言をした証拠もない．

　結局，ニューディール政策によっても大恐慌を克服することはできず，失業
率が10％を下回ることはできなかった．大恐慌を収束させたのは戦争であった．
アメリカは海外の紛争には関わらない孤立主義をとってきたが，1939年にヨー
ロッパで第2次世界大戦が勃発し，フランスまでがドイツに占領されると，ル
ーズベルト大統領は「民主主義の兵器廠となる」としてイギリスへの支援を行
った．本格的な政府支出による生産が開始されたのである．そして，1941年12
月の日本の真珠湾攻撃を機にアメリカは参戦し，兵役によって失業者は急減し，
一転して労働力不足となったのである．

　ニューディール政策は大恐慌を完全に克服することはできなかったが，多く
の貧しい人々を救済し，乳児死亡率や自殺率も低下した．また，少なくとも国
民はルーズベルト政権の努力は評価した．1936年と40年の大統領選挙でのルー
ズベルトの圧勝はそれを物語っている．さらに，貧困層が多い黒人有権者は，
それまではリンカーンの党である共和党支持者だったが，ニューディール政策
の恩恵を受けて民主党支持に変わった．ニューディール政策は連邦政府の経済
活動への介入を決定的なものにした．また，金融においては2度と銀行破綻の
連鎖を起さないように規制を強化した．

　注
　1）　当時は11月の大統領選挙ののち翌年3月に就任していた．国家が危機の時には
　　　新政権はもっと早く発足した方が良いというので1937年から現在のように翌年の
　　　1月20日に就任するようになった．

◆コラム◆
大恐慌は再来するか

　2008年からのリーマンショックは100年に１度の大不況といわれたが，３年で回復基調に入り，失業率は最悪でも10％強で，1930年代の大恐慌ほどではなかった．1930年代のような大恐慌はもう起こらないのであろうか．「起こらない」と考えられているには次の理由がある．

　まず，経済学は明らかに進歩したので，政策面で賢明になっている．不況の時に無理に均衡財政を組むようなことはしない．財政赤字を拡大してでも公共事業や減税を行う．貨幣供給量が減少するのを看過しない．これは当時も経済学者は適切に主張したが，不況になったからといって自国の企業を守るために保護貿易主義をとったりしない．今日では，WTO（世界貿易機構）の枠組みで自由貿易を堅持している．

　制度面では銀行の預金が保護されているので，預金者が不安に思って預金を引き出して銀行が破綻してしまうことは防ぐことができている．中央銀行であるFRBも銀行が破綻しないように，「最後の貸し手」として問題のある銀行には積極的に介入して破綻を防ぐ．金本位制を採用していないので，中央銀行の金融政策も制約が小さくなった．さらに失業保険が整備されているので失業者も所得が急減せず消費支出をしてくれるので，不況が悪化しないですむ．

　一方，楽観はできないという意見もある．今日は財政赤字がすでに大きいので，思い切った財政出動をする意志があっても実行できないということがある．財政赤字がすでに大きい中での財政支出の拡大に対して，賢明な市民は将来の増税を予測して貯蓄を増やすという「リカードの等価原理」という考え方もある．よほど生活が困窮しない限り減税策の効果はうすいかもしれない．

　グローバル化はすでに1930年代にも進展しており，だからこそアメリカの不況が世界大恐慌になったのだが，今日はなお一層グローバル化が進んでおり，欧米以外にも経済活動の中心地が広がっているので，バブル経済の膨張と破裂がどこで起こるかわからず，その影響が瞬時に世界中に伝搬するという点ではリスクが大きくなっている．

第3章
マクロ財政・金融政策

1. マクロ経済政策

(1) ケインジアン経済政策

ニューディール政策は経済理論の裏づけがなかったので，財政政策は量的に不充分なものに終わった．しかし，イギリスの経済学者ケインズは1936年刊行の『雇用，利子および貨幣の一般理論』において，マクロ経済政策，とくに不況時における政府による公共事業支出の重要性を指摘した．ケインズは個々の企業は，賃金を下げてコストを低下させ製品価格を下げれば販売量を伸ばすことが可能だが，すべての企業が賃金をカットすれば社会全体での所得，購買力が減少するため販売量は伸びない，と述べ，国レベルでの失業・物価の分析には，個々の市場の分析を行う従前のミクロ経済学とは別個にマクロ経済学が必要であると主張した．

この個々の判断としては正しくても構成員全員の行動としては正しくないことがおこるという「合成の誤謬」は，その後，アメリカ人経済学者サミュエルソン（Paul Samuelson）が彼の世界的ベストセラー教科書『経済学』（初版は1948年）によって広めた．ケインズ経済学を取り入れた最初の教科書であり，今日のミクロ経済学とマクロ経済学がセットになった入門書の先駆（ただし大著）である．そして，サミュエルソンはこの教科書を通して「新古典派総合」という概念を主張した．個々の産業を分析するミクロ経済学では従前の新古典派経済学理論を用い，基本的に市場での競争に任せ，政府は弊害が生じたときのみに介入する．国レベルのことを分析するマクロ経済学ではケインズ理論を

用い，政府による財政・金融政策での介入を正当化することになった．これが，戦後の経済学，ならびに先進国での経済政策の基本となった．

　ケインズは1946年に亡くなったが，ケインズ経済学は経済学者の間では支持が広がり，サミュエルソンによれば「35歳以下の若手には南海の孤島を襲った伝染病のように広まった」．ケインズ理論の支持者は「ケインジアン」と呼ばれるようになった．

(2) 財政政策

　経済学者と一般社会とではケインズ経済学に対して温度差があった．アメリカではニューディール政策によって連邦政府の経済への介入が強まった．戦争が終わり平時に戻ると，ケインジアン政策は政府の役割を重視しすぎて社会主義的だと批判的にみられた．当時は冷戦の緊張が高まり反共主義がおきていた．共産主義を支持・容認しているとみなされた人物への攻撃である「マッカーシズム（中心人物が Joseph McCarthy 下院議員だったため）」の嵐が吹き荒れており，マルクス経済学だけでなくケインズ経済学も標的になった．

　イリノイ大学経済学部でヘーゲン（Everitt Hagen）学部長が中心となりケインズ経済学に基づくカリキュラム改定を行ったことをイリノイ州議会が問題にした．ヘーゲンはじめ8人の優秀な経済学者が辞任した．そのうちの1人モジリアーニ（Franco Modigliani）はのちにノーベル賞を受賞する．

　それでも次第にケインジアンの政策論は受け入れられるようになった．不況の時には財政赤字を増やしてでも公共事業などの政府支出を増加させたり減税すべきで，景気が過熱しているときには逆を行う．不況のときに拡大した財政赤字は景気が回復すれば税収が増加するし，また，意図的に政府支出の削減や増税によって解消できる．公共事業ではあまり有益でない建物も作られるかもしれないが，ケインズは「ピラミッドでもよい」と述べていた．そのような無駄なものを作るのならば，失業手当だけ与えていればよいという意見もあるが，雇用することで失業者のスキルが維持でき，自尊心も守られ，景気が回復したときの労働力の質が低下しないですむのである．

　ケインズは父親もケンブリッジ大学教授で上流階級出身であったので，エリ

ートの知性が既得権益を打破し適切な政策が実行されると期待していた. 不況期には財政赤字を膨らませるが, 好況期には社会の利益を考え財政を建て直すはずであった. しかし, 現実には政治家は選挙目当てに, 好況であっても増税や政府支出（とくに福祉予算）の削減はしたがらない. さらに不要なときでも減税しようとする. それを諫める知性の声は弱い. そのため財政赤字がなかなか解消されなくなっている[1).

(3) 金融政策

FRB の金融政策の手段としては公開市場操作, 法定準備率変更, 割引率変更の3つがある. 公開市場操作とは銀行の持つ債券（主に国債）を FRB が売買することによって貨幣供給量を調整することである. FRB が国債を買えば, 銀行が貨幣を多く持つことになるので, 民間への貸し出しが増える. 貨幣供給量が増加し利子率は低下する. 逆に FRB が銀行に国債を売れば銀行が保有していた貨幣を FRB が吸い上げるので民間をめぐる貨幣供給量が減少し, 利子率が上昇する.

支払準備率とは銀行が預金のうち中央銀行に預けなければならない率のことである. この率を引き下げれば銀行は手持ちの現金が増え貸し出しを増やすので金融緩和策となり, 逆に率を引き上げれば金融引き締め策となる.

割引率（ディスカウント・レート）は FRB が銀行に貸し出すときの利子率（日本での公定歩合）で, これを引き上げれば市中での貨幣供給量が減少し, 引き下げれば増加する.

また, 銀行間の1夜だけの貸借の利子率がフェデラル・ファンドレート（日本ではコールレートと呼ばれる）で, いわゆる市中での利子率のレベルである. 一般に金融を緩和（貨幣供給量増加, 利子率引き下げ）すれば企業の設備投資が増加し経済活動が活発化する. その分, 物価も上昇する. 逆に金融を引き締め（貨幣供給量減少, 利子率引き上げ）れば企業の設備投資が減少し経済活動は縮小するが, 物価は低下する.

FRB の設立当初は公開市場操作はまだ発見されておらず, 法定準備率の変更も認められていなかった. 政策手段は割引率の変更のみであった. 1920-21

年の不況の時に借手が少なく貸出からの利子収入が少なくなった．FRBは債券を購入してその利回りを収入源にした．ところが，債券を購入すると市中での貨幣供給量が増加していることに気づき，政策手段として利用するようになった．これが公開市場操作の始まりである．さらに，1933年，大統領の許可を得ればFRBは法定準備率を変更できることになり，1935年には大統領の許可は不要になった．現在では公開市場操作が政策の中心であるが，これら3つを「伝統的な金融政策」と呼ぶ．

FRBのもう1つの重要な役割は，金融機関の救済（Lender of Last Resort）である．連邦預金保険公社が破綻した銀行預金を保障してくれるので，大恐慌のときのような預金者が引き出しに殺到する取り付け騒ぎは起こりにくい．それでも，保険公社は全預金の1％をカバーするだけであるし，一口座25万ドルまでしか保証しないので，大口預金がカバーされない．銀行の連鎖倒産が始まれば防ぎきれない．そこで，連鎖倒産が始まらないようにFRBが危ない銀行を破綻から救済する．しかし，銀行は儲かったら利益は自分達のもので，損失が出たらFRBが助けてくれるので，ハイリスク・ハイリターンの融資を行うというモラル・ハザードの問題が生じる．

2．マクロ経済政策の理論

(1) 総需要・総供給曲線

ミクロ経済学における市場（産業）の均衡は，たとえばシイタケならば，各消費者のシイタケに対する需要を合計した市場の需要曲線と各々のシイタケ生産者の供給曲線を合計した市場の供給曲線との交点で，均衡価格と均衡取引数量が決まる．しかし，これら各市場の需要・供給曲線を合計しても国全体の総需要と総供給にはならない．前述の「合成の誤謬」があるので，ミクロレベルとは別個にマクロ経済学で総需要（Aggregate Demand, AD）曲線と総供給（Aggregate Supply, AS）曲線を考える必要がある．

図3-1が示すように縦軸に価格水準をPとして，横軸に生産活動の尺度である国内総生産（Gross Domestic Product, GDP）をYとして取っている．ミク

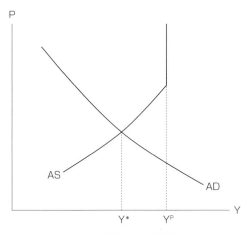

図 3 - 1　総需要・総供給曲線

出所：筆者作成.

ロ経済学の縦軸が価格で横軸が取引数量で，需要曲線が右下がりで供給曲線が
右上がりというのに似ているがその裏にある理論は全く異なっている.

　AD曲線が右下がりになる理由であるが，物価水準が上昇するとFRBから
の貨幣供給量は一定であったとしても実質の貨幣供給量（M/P）は低下する.
これはFRBが金融引き締めを行ったのと同じ効果をもたらす. すなわち, 利
子率が上昇し民間設備投資が減少しGDPも減少する. したがって, 物価が上
がればGDPは下がるので, AD曲線は右下がりである.

　次にAS曲線であるが, 物価水準が上がると実質賃金（W/P）は低下するの
で, 企業は雇用を増やそうと思う. 失業者が存在していれば求人に対して求職
者が集まり雇用される. 雇用者数が増えればGDPも増えるので, 右上がりで
ある. ところが, GDPが社会にあるすべての資源を利用する水準（Y^p）にま
で達すれば, 短期的にはそれ以上GDPを増やすことはできない. そのときの
失業率が自然失業率と呼ばれ, 完全雇用のレベルであるが失業率はゼロとなら
ない. 転職を求めて離職している人がいたり, 産業構造の変化（第5章で述べ
るように製造業からサービス産業へのシフトなど）によってどうしても失業する人
が存在するためである. 自然失業率に対応するGDP（潜在的生産力）というの

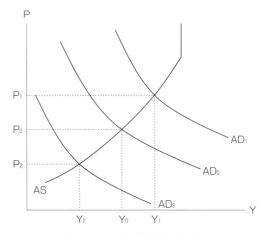

図 3-2　財政・金融政策の効果

出所：筆者作成.

は，既存の労働力，資本量，技術水準で決まる GDP のレベルであり，AS 曲線はこの Y^p のレベルで垂直となる．図 3-1 が示すように AS 曲線と AD 曲線の交点が均衡の GDP （Y^*）と価格水準（P^*）であるが，Y^* が Y^p に一致する保証はなく働きたくても仕事がない非自発的な失業が発生することになる．

(2)　フィリップス曲線

　政府の財政政策や金融政策は AD 曲線をシフトさせる．すなわち，金融緩和（公開市場操作での公債の購入，割引率低下，法定準備率低下）や拡大的財政政策（公共事業拡張，減税）は，同じ価格水準であっても GDP を増加させるので，図 3-2 において AD 曲線を右上に AD_0 から AD_1 にシフトする．緊縮的な財政・金融政策は逆に AD 曲線を左下に AD_0 から AD_2 にシフトする．

　図 3-2 が示すように AD 曲線が右上にシフトすることで，GDP は増加（失業率は低下）するが物価は上昇する．AD 曲線が左下にシフトすれば GDP は減少（失業率は増加）するが物価は減少する．このように 1 つを改善すれば他の 1 つは悪化するというトレードオフ関係が存在するが，1 つを我慢すればもう 1 つは改善できるという意味では経済政策は運営しやすい．図 3-3 が示すよ

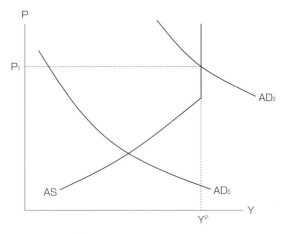

図 3‒3　インフレーション

出所：筆者作成.

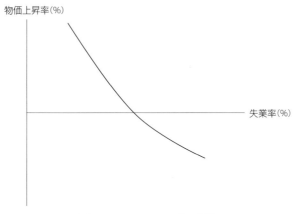

図 3‒4　フィリップス曲線

出所：筆者作成.

うに政府が失業率を自然失業率からさらに低下させようと AD 曲線を AD_0 から AD_3 にシフトさせても，GDP は Y^p から動けないので物価のみが上昇する．

　1958年，ニュージーランドの経済学者のフィリップス（A. W. Phillips）はイギリスの1861年から1957年の失業率と賃金上昇率との間には負の相関があると

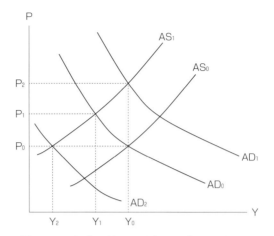

図 3 - 5　サプライショックとスタグフレーション
出所：筆者作成.

いう実証分析を発表した．その後，賃金上昇率は物価上昇率に置き換えられ，
図 3 - 4 が示すように物価上昇率と失業率との負の関係を表すフィリップス曲
線として一般化された．

(3)　スタグフレーションとケインジアン理論への批判

　1970年代には1973-74年には第 4 次中東戦争で，78-79年にはイランにおける
イスラム革命によって，2 度にわたるオイルショックがあった．原油価格の上
昇は投入物のコストの増加であり図 3 - 5 が示すように，AS 曲線の AS_0 から
AS_1 に左上へのシフトであった．GDP は Y_0 から Y_1 へ減少し，失業率が上昇
する．一方，物価は P_0 から P_1 へ上昇する．インフレーションと景気沈滞（ス
タグネーション）が同時に起こったのでスタグフレーションという造語が生ま
れた．造語が生まれるということはこれまでにない経済現象であったというこ
とである．

　スタグフレーションに対してケインジアン政策の処方箋は，図 3 - 5 におい
て，もし失業率を改善しよう（GDP を Y_1 から Y_0 に戻そう）とするならば，財政
拡張・金融緩和政策で AD 曲線を右上に AD_0 から AD_1 にシフトさせる．失業

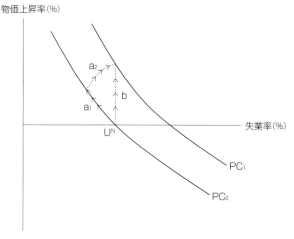

図3-6　フィリップス曲線の上方シフト

出所：筆者作成.

率は改善するが物価上昇は P_2 にまでさらに上昇する．もし物価上昇率をもとの P_0 にまで低下させようとするのならば財政・金融で緊縮政策をとり，AD曲線は左下に AD_0 から AD_2 にシフトする．物価は低下するが GDP は Y_2 にまでさらに低下し，失業は悪化する．このようにサプライショックに対してケインジアン総需要管理政策は有効とはいえず，ケインジアン・マクロ経済政策への信頼度が揺らぐことになった．

　さらにインフレーションが増進する中でフィリップス曲線についても批判がなされた．総供給曲線が右上がりである議論の中で，物価が上昇したとき実質賃金が低下し，雇用が増大すると述べた．そこでは，企業経営者は名目賃金が一定の中で物価だけ上昇し実質賃金が低下するので労働需要を増加させるのだが，労働者はそれに気がついていないと想定していた．ところが，時間がたてば労働者は物価上昇を認識するようになり，名目賃金の上昇を要求する．このことは労働者が予想する「期待インフレ率」が上方に改訂され，図3-6に示すようにフィリップス曲線が PC_0 から PC_1 に上方シフトすることを意味する．名目賃金が物価と同様に上昇すれば実質賃金は低下せず，労働需要，実際の雇

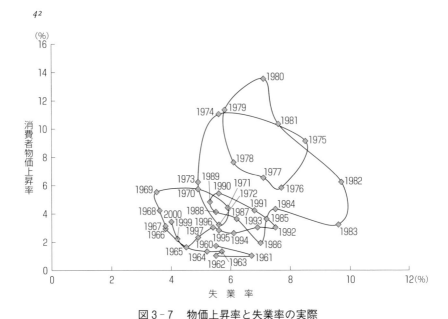

図3-7　物価上昇率と失業率の実際

出所：*Economic Report of the President* (2009, 2014) Washington, D. C.: US Government Printing Office.

用量も従前のレベルに戻り，GDP も失業率も元に戻る．図3-6が示すように短期的にはフィリップス曲線，PC_0，に沿って物価は上昇するが失業率も改善していた（a_1）．ところが，しばらくたつとフィリップス曲線そのものが上方にシフトして PC_1 となり，失業率は元の U^N の水準に戻るのである（a_2）．

　前述のフィリップス曲線のシフトの際には労働者は実際の物価上昇を観察したうえで賃上げを要求する．これを適応型期待形成（Adaptive Expectation）と呼ぶ．これに対して合理的期待形成（Rational Expectation）理論では市民は手に入る情報をすべて使って期待を形成する．金融緩和政策が新聞報道された瞬間に，実際の物価がまだ上昇していなくても，将来物価は上昇ると予想（期待インフレ率を上方に改訂）する．短期のフィリップス曲線は自然失業率のレベルで瞬時に上方にシフトする．適応型期待形成モデルは図3-6の a_1-a_2 のような経路をとるのに対し，合理的期待形成モデルはbのような経路をとり短期的でも失業率は改善しない．実際，アメリカの失業率と物価上昇率をプロットす

ると，図3-7のようになる．1960年代と1980年代の一時期には右下がりのフィリップス曲線が観察できるが，それ以外では関係がはっきりしなくなっている．後述のように1990年代は失業率が下がっても物価が上昇しないという良い意味での逸脱がおきた．

(4)　マネタリズムの台頭

サプライショックやインフレ高揚のなかでケインジアンの財政・金融政策を用いての総需要管理政策の有効性が揺らいだ．政府の政策の有効性に疑問を呈する反ケインズ派経済学が発言力を強めていった．反ケインズ派経済学にはいくつかのグループがあるが，そのうちの1つがフリードマン（Milton Friedman）を総帥としたマネタリスト（彼らの考え方はマネタリズムと呼ばれる）である．マネタリストはアメリカの経済学者フィッシャー（Irving Fisher）が1911年に提唱した次の貨幣数量説を基にしている．

$$MV = PY$$
M：貨幣供給量，V：貨幣の流通速度（何回，持ち手が変わったか）
P：物価水準，Y：総生産量（実質GDP）

PとYの積は名目GDPでその年の価格で現した総生産額である．この式は恒等式ともいえるもので，社会をめぐる貨幣の総量が名目GDPに等しいのである．

マネタリストは流通速度Vは一定とはいえないまでも安定していると考えている．そこで，マネタリストは「k％ルール」を提唱する．貨幣供給量を少しずつ（k％）増やしていけば名目GDPは安定して増加する．短期的には名目GDPの増加がどの程度Pの増加にまわり，どの程度Yの増加にまわるかはわからないが，どちらも暴走することは起こらない．長期的には総生産量は完全雇用レベル（自然失業率に相当する生産量，図3-3のY^p）以上にはならず，名目GDPがそれ以上増加しようとすれば物価水準のみが上昇する．

しかし，実は貨幣の定義は難しい．貨幣というのは財・サービスを購入するためにすぐに使えるものであるので，現金はもちろん貨幣であるが，アメリカ

では小額の買い物でも小切手を使うので小切手の口座の金額は現金に近い. 同じ銀行口座でも利子がつかないが簡単に引き出せるものは現金に近く, 利子がつくが引き出しにくい口座とは性格が異なる.

　現在, 貨幣は統計上は次のように定義されている. M1 というのは, 現金にトラベラーズチェック, 当座預金(小切手振り出し口座)を加えたものである. M2 というのは M1 に, 引き出しに事前の通知が必要な貯蓄性預金, 定期預金, 投資信託, 小切手振り出し回数に制限はあるが利子もつくマネーマーケット勘定などを加えたものである. 後述するように金融の自由化でさまざまな金融商品が生まれ, 利子がつく口座でも小切手を出せるようになり, 貨幣の定義があいまいになってきた. このことが1980年代に M1 の流通速度が不安定になった理由の1つと考えられる. その後, M2 の流通速度は安定していたので M2 を貨幣とみなした金融政策がとられたが1990年代になると M2 の流通速度も不安定になってきた. 流通速度が不安定ならば貨幣供給量を k %ずつ安定して増やしていっても名目 GDP が安定して増加する保証がなくなる.

　第2章で述べたように大恐慌にはさまざまな原因が考えられるが, マネタリストは FRB が貨幣供給量の減少を防がなかったことのみを原因と考える. FRB の失政が原因で市場メカニズムそのものは機能していたので, 政府が介入は正当化されず, FRB の過ちをくりかえさないためにも「k %ルール」が適切だと主張する.

(5) ルールか裁量か

　貨幣の流通速度が不安定になったので「k %ルール」の信頼性は揺らいでいるが, 金融当局が裁量的に金融を緩和したり引き締めたりすることで経済をうまくコントロールする能力も完璧でないので, 「ルールか裁量か」の論争は続いている.

　ルールとしても「k %ルール」のような固定的なものでなく, 流通速度にあわせて目標設定を変えるルールや経済実績に対して決まった対応をすることをルールにする提案もある. 後者の代表的なものがテイラー(John Taylor)教授が提唱する「テイラー・ルール」である.

それは，次のように現される．

　　　フェデラルファンドレート＝
　　　インフレ率＋実質均衡フェデラルファンドレート
　　　＋0.5（現実のインフレーション率−目標とするインフレーション率）
　　　＋0.5（現実のGDP−完全雇用GDP）

実質均衡フェデラルファンドレートというのは，完全雇用（自然失業率）のときの市場均衡利子率を推定したものである．最後の2行が意味するのは，このルールでは現実のインフレが目標値を上回っていたり，現実のGDPが完全雇用GDPを上回っているのならば現行以上に利子率を上げて景気の加熱を抑え，逆の場合は景気が冷え込んでいるので利子率を低くして景気を刺激するということである．

　ルール支持派は，中央銀行幹部が複雑な経済を理解して裁量的政策を行うだけの能力を持っているかについて疑問を呈する．判断を誤って緩和すべきところを引き締めたりまた引き締めが大きすぎたりすれば経済に大きな損失をもたらせる．政治に左右され選挙の前に景気を過熱させたり，長期的にはインフレを引き起こすだけになる恐れがある．

　これに対して裁量支持派によれば，ルールは硬直的過ぎ，金融政策はもっと微妙な判断が必要である．ルールが基にするモデルが誤っていればルールが導く政策も誤りになる．また，テイラールールのような洗練された定式でも0.5のような係数は過去のデータから適切と考えられたものだが，経済構造が変化すれば係数も異なってくるのでルールに沿っての政策も異なる結果になる．最後の批判は元々は合理的期待形成論者のルーカス（Robert Lucas）がケインジアンモデルのシミレーション結果に基づく政策決定について批判した「ルーカス批判」に相通じるものがある．

　グリーンスパン（Alan Greenspan）FRB議長は，1987年8月から2006年1月まで，4人の大統領のもと，史上最長の5期を勤めた．彼は保守主義，市場重視主義だが，その場その場で金融政策を駆使して経済運営をしてきたので，ルールでなく裁量派であった．彼の個人的な才覚によって巧みな金融政策がとら

れ「マエストロ（イタリア語で名指揮者）」と呼ばれたのである．

3．マクロ経済政策の実際

(1) 1950年代 - 1970年代の政策

　1945年1月マリー（James Murray）上院議員らが「完全雇用法案」を提案したが，下院では社会主義的だとの批判が強かった．結局，下院案に近いものが1946年に雇用法として成立した．雇用，生産，購買力に対する政府の責任を公式に表明した点では画期的だが，最大限の努力を約束しただけで実現を保証するものではなかった．

　ルーズベルトの死去によって後を継いだトルーマン（Harry Truman）大統領は社会的にはリベラルでニューディール支持者だった（また，そうすることで支持を集めようとした）が経済的には保守で均衡予算主義だったのでケインジアン政策は導入されなかった．1948年の大統領選挙では共和党政権になったらニューディール時代の既得権が失われると思った有権者がトルーマン再選を支えた．

　1952年に当選した次の共和党アイゼンハワー（Dwight Eisenhower）大統領も均衡予算を重視した．ただ，アメリカでは平時に大きな常備軍を持つことは民主主義にとっては好ましくないという理由から，戦争が始まると大きな軍隊を組織し，終われば解散するという伝統があった．第2次世界大戦直後は常備軍を最小限にしたのだが，朝鮮戦争後は冷戦が継続しソ連（当時）との軍備拡張競争が始まり平時でも大きな戦力を維持することになった．それゆえ彼は元軍人であったにも関わらず，大統領離任の際には軍産連合体の肥大化に懸念を表したのである．

　1961年に成立した民主党のケネディ政権では，経済諮問委員会委員長にケインジアンのヘラー（Walter Heller）を登用し「ニューエコノミクス」と呼ばれる新しい視点での経済政策を構築した．ケネディ自身は当初は均衡予算主義だったが経済アドバイザーたちの意見をきいて完全雇用を目指す積極的財政政策を採用した．実現は彼の暗殺後の1964年になったがケインジアンの企業・個人向け減税政策がとられた．1965年には税収増によって財政は均衡した．

　ジョンソン大統領は激化したベトナム戦争を非常事態宣言せず，正式な財政支出でない補足的な緊急支出で処理した．その一方で，自らの希望であるリベラルな「偉大な社会（グレートソサイエティ）」政策を推進し社会保障を充実させた．このため財政赤字とインフレが進行した．

　1969年に就任した共和党のニクソン大統領は財政・金融の引き締め策をとったが，インフレは抑圧できず景気の後退だけが生じた．フィリップス曲線が容易に下方シフトしなかったからである．保守主義のニクソンは統制には批判的だったが民主党議会は大統領に賃金・物価統制の権限を与えた．1970年の中間選挙で共和党が敗北するとニクソン大統領は再選を目指し景気対策を重視する．1971年に賃金・物価凍結を自ら実施するとともにケインジアンの積極的財政政策も行った．保守派のニクソンが「自分はケインジアンだ」と述べたところに当時のケインジアンの隆盛をみることができる．GDP は増加し失業率は低下し，物価は封じ込められたが，景気は過熱していた．再選を果たすと1973年1月に統制を緩和したが，統制の反動で物価は上昇したところに石油危機がおこりインフレが発生した．短期的には無理が効いてニクソンは再選されたが，明らかな政治的景気循環を発生させた．

　1977年に就任したカーター（James Carter）大統領は南部民主党の保守性を持っていたが，首都ワシントンに支持基盤がなかったので議会のリベラル民主党に影響されてケインジアン景気刺激策をとった．しかし，前述のようにスタグフレーションに対してはケインジアン総需要管理政策はうまくいかなかった．

(2)　レーガノミクス

　1981年に発足した共和党レーガン政権は，スタグフレーションに悩まされる中で合理的期待形成理論に基づく痛みのないディスインフレーションを目指した．FRB のヴォルカー（Paul Valker）議長はカーター政権下ですでにインフレ抑制のために利子率でなく貨幣供給量のコントロールに舵を切っていた．

　ケインジアンも受け入れていた適応型期待形成論によれば，緊縮的金融政策がとられると，名目賃金はすぐには変化しないので，物価水準のみが下がり実質賃金が上昇し雇用が減少する．図3-8のa_1のように，短期フィリップス曲

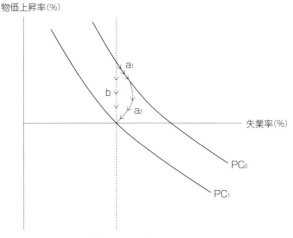

図3-8　痛みのないディスインフレーション

出所：筆者作成.

線に沿って物価は減少するが失業率は上昇する．しばらくたって労働者は実際
の物価減少を観察したあとで期待インフレ率を下方修正し，名目賃金の引き下
げに応じる．実質賃金は元に戻り雇用はフィリップス曲線が PC_0 から PC_1 に
下方シフトして自然失業率に戻る（a_2）．一方，合理的期待形成論によれば，
厳格な貨幣供給量減少政策を発表すれば市民はそれを信じて期待インフレ率を
即座に低下させ，名目賃金の低下を受け入れる．その結果，フィリップス曲線
は図3-8のbのように瞬時に下方にシフトし失業率が増加することなく（痛
みがないまま）インフレが収束すると考えられた．レーガン政権はそれを期待
したのだが実際には1982-83年には失業率が増加した．短期フィリップス曲線
は瞬時には下方シフトせず短期フィリップス曲線に沿って物価が下落して失業
率が増加した，実際の経済は図3-8のbではなく a_1-a_2 の経路を辿ったので
ある．

　経済学で理論の実験が行われるのは稀であるが，1980年代初めは合理的期待
形成理論が実践され予想を裏切る結果になった．しかし，同理論支持者によれ
ばレーガン政権は減税と軍備拡張で財政赤字を拡大させていた．コラムで述べ

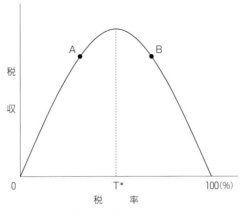

図3-9　ラッファー曲線

出所：筆者作成.

るように財政赤字が大きく国債を売らなければならないときは金融政策が緩和されて市中金利が低くなっていた方が政府にとってはありがたい．賢明な市民は財政赤字のもとでは緊縮的金融政策は長続きしないと予想したため期待インフレ率は瞬時に下方改訂されなかったと説明されている．

　合理的期待形成理論は経済学が想定する合理的な人間に基づいた理論化でエレガントだったので経済学者の注目を集めた．しかし，実際には経済主体は合理的期待形成論者が想定したような行動をとらなかった．今日では心理学の理論を援用して，むしろ経済主体の行動は合理的でなく非合理的で矛盾に満ちていると想定する行動経済学という新しい分野が開拓されている．

　レーガノミクスのもう1つの柱がサプライサイド経済学である．図3-9がラッファー曲線と呼ばれるもので，ラッファー（Arthur Raffer）教授がワシントンのレストランで食事中に閃いたとされる税率と税収との関係である．税率が0％のとき当然税収もゼロである．税率が100％のとき，すべての収入を政府が徴収してしまうときは国民は奴隷と化し，労働意欲がなくなるので税収もゼロである．0％と100％の間のどこかに税収を極大化する税率（T*）があるはずである．ラッファー教授は1980年のアメリカは図3-9のBのような位置にあり税率が高すぎて国民のインセンティブ（やる気）が働かず税収が減少し

てしまっていると考え，減税を主張した．

　所得減税をすれば残業したり主婦がパートに出たりして労働供給が増える．現状では残業したり主婦がパートに出たりしたくとも，所得増加にかかる限界税金（所得増加分に対する税率）が高すぎるのでしないのである．利子収入や株の売却益（キャピタルゲイン）に対する所得税を減税すれば貯蓄や株式投資が活発になって資本供給が増加する．このように減税によって労働・資本の供給側（サプライサイド）を増加させることによって景気を回復させるのがサプライサイド経済学であり，レーガン政権は全面的に採用した．

　しかし，実際には減税は税収減を招き財政赤字を招来した（ソ連を疲弊させる軍備拡張競争，いわゆる「レーガン軍拡」も財政赤字の要因である）．アメリカ経済はラッファー曲線ではA点のような頂点の左側にいたのである．ラッファー曲線はコンセプトとしては誤りでない（至極当然である）のだが，アメリカの位置についてデータに裏付けされないままに税率が高すぎて税収が減少していると結論して減税が行われてしまった．

　失業が生じているのは税金が高くて働く意欲がないのではなく，総需要が不足して仕事がなかったからである．1983年以降，景気は回復するがこれは所得減税が貯蓄ではなく消費増加につながったためである．まさしくレーガン政権が忌み嫌ったケインジアンの政策であり，ケインジアンの意見を全面的に採用した1964年のケネディ減税そのものである．たしかに長期的な経済成長を決めるのは労働と資本の供給量の増加と技術進歩である．しかし，サプライサイド経済学はそれを短期的な景気回復策としたところに問題があった．

　税収が減少したうえで軍備拡張をしたため財政赤字が拡大した．財政赤字は国民の貯蓄した資本を国（国債）が使ってしまい民間の設備投資に行く分を減らすという「クラウディングアウト」効果によって利子率を上昇させる．国際貿易・金融は第8章で詳説するが，アメリカの利子率が上昇すると外国人がアメリカで貯金しよう，アメリカ国債を買おうと思うので外国為替市場でドルの需要が高まる．ドル高になれば，アメリカの輸入品価格が低下し輸出品価格が上昇しアメリカ製品の価格競争力が低下する．これがとくに自動車市場でおこり日本からアメリカへの自動車輸出が急増し，貿易赤字が広がった．財政赤字

と貿易赤字は「双子の赤字」と呼ばれるが，実際には財政赤字が利子率上昇とドル高を経て貿易赤字を引き起こしたのである．

(3)　1990年代の経済成長

　レーガノミクスの引き起こした財政赤字は1980年代以降の政治課題となった．議会は1985年にグラム・ラドマン・ホリングズ法（Gramm-Rudman-Hollings, GRH Act）を成立させ，1991年度までに財政を均衡させることをめざした．そのため，毎年の赤字削減目標額を定め，それに達しない場合は大統領が強制的に支出削減することとした．削減額を定めるのは議会がコントロールしていた会計検査院（現在の政府説明責任局）で，そこが大統領に指示を出すのは三権分立を損なうとして1986年に違憲判決がでた．そこで翌1987年には会計検査院でなく行政管理予算局が判断することにして，また均衡達成も1993年度に緩めた修正 GRH 法が成立した．しかし，削減が発動するのは年度初めの2週間が対象で年度中で生じる赤字拡大には適用されなかった．

　レーガン政権の副大統領だったブッシュ（父）（George H. Bush）が1988年の大統領選挙に勝利したが，新政権はいきなり貯蓄金融機関（S＆L）の破綻処理問題に直面し公的資金で補填することになり，3年間で1465億ドルもの政府支出増加となった．修正 GRH 法の目指した均衡予算は1991年度でも1993年度でも達成が絶望的になったので，財政赤字については議会民主党と折衝し1990年には包括的財政調整法を成立させた．そこでは，個人所得税の最高限界税率を引き上げるとともに国防費含めた歳出削減で5年間で5000億ドルの財政赤字を削減することとした．この法案に含まれた予算執行法は，支出増加や減税にはそれに見合う財源の確保を強制するペイゴー（PAYGO）の原則を含んだ点は評価できる．しかし，「増税しない．国防費を増額する」というブッシュの選挙公約を破ることになってしまった．

　1992年の大統領選挙では産業の対日競争力というミクロ経済政策が争点になった．当選した民主党のクリントン（William Clinton）はハイテク産業を振興し，中産階級のための高付加価値の雇用創出，教育・訓練投資，輸出拡大などに関心があった．しかし，選挙中に有権者の財政赤字への関心を認識し，選挙後に

グリーンスパンFRB議長と会談し,「信頼できる財政赤字削減予算を立てることで市場は長期金利を低下する,そうすればクリントンの望む経済成長を達成できる」と指摘された.グリーンスパンは共和党支持者だったが財政赤字削減のためには増税もやむなしと判断していた.また財務長官になったベンツェン(Lloyd Bentsen)はベテラン議員でグリーンスパンとも気心が知れていた.こうして財政赤字削減に真剣に取り組むことになった.

　しかし,中産階級の負担軽減を公約していたのに増税したことは支持者の離反を招き,共和党からは増税・支出増とのレッテルを張られたため1994年の中間選挙では共和党が勝利した.下院のギングリッチ(Newt Gingirich)新議長は強硬な保守派でさらなる歳出削減を求めた.クリントンは景気が回復基調にありまた日本がバブル景気の後退によって産業の国際競争力を低下させていたので,自分の好みのハイテク産業振興策なども控え目にして共和党と財政赤字削減を競うことで共和党の特色を薄めようとした.また,共和党との対立が激化し1995年秋(1996年度開始時)には予算が成立せず一部政府機関が閉鎖される事態になった.このころになると世論はギングリッチの方を柔軟性に欠けるとして批判するようになった.こうして1996年にクリントンは再選を果たした.クリントンはその後も歳出抑制に努めたので税収増加と相まって単年度では財政赤字が解消するようになった.

　好景気の下で生産拡大が続けば原材料が不足し賃金が上昇し,生産コストが上昇しインフレになる.これが過熱するのを防ぐためにFRBが金融引き締めを行い景気拡大が終わるというのが通常の景気循環のパターンである.しかし,1990年代はコスト上昇が起こらなかったので金融引き締めが行われず景気拡大が10年にも及んだ.景気循環はなくなったという「ニューエコノミー」論がさかんに論じられた.これは1980年代から行われてきた情報技術への投資がようやく実を結んだためと考えられる.オフィスに導入されたパソコンを人々が使いこなすようになったのである.情報技術の進歩のおかげで在庫管理が効率的になり原材料の不足が起こりにくくなり,事務処理の効率があがってホワイトカラーの生産性が上昇し人件費が抑制された.

　しかし,結局1998年以降に失業率が5％を割り込むと実質賃金が急上昇し,

労働コストの上昇が生産性上昇率に追いついたためインフレが懸念されるようになり，金融引き締めが行われた．また，情報技術関連株はバブルの状態になっていたのが2000年に崩壊した．こうして景気拡大は終了し，経済が景気循環から完全に自由でないことが明らかになった．

4．金融システムの規制と金融革新

(1)　金融政策のターゲット

第2次世界大戦中，政府が戦費調達のため国債を発行していたので，FRBは利子率を下げて協力した（「コラム」参照）．戦後も低金利政策を続けていたが，1951年に財務省とFRBとの間で合意（Accord）が結ばれ，金利を低く抑える政策が取り消され，FRBは裁量的に金融政策を行えるようになった．

1950年代と60年代は利子率を安定化させる順循環の金融政策であった．すなわち，景気拡大期には利子率が上がるので，それを防ぐために金融を緩和し，景気後退期には利子率が下がるので金融を引き締めるという，景気循環の波に逆わない「順」な対応であった．この方針では1960年代末には，インフレを抑制することが難しくなった．1970年代になると貨幣供給量に注目すべきという意見もでてきたが，依然として利子率を安定化させる順循環な政策であった．

2度の石油危機を経てインフレが深刻になった1979年に議長に就任したヴォルカーは利子率（フェデラル・ファンドレート）を安定化させるターゲットとすることを放棄し，貨幣供給量をコントロールするというマネタリストの政策を導入した．しかし，今日では彼自身は実際にはそれほどマネタリズムも合理的期待形成理論も支持してはいなかったが，インフレを収束させるためには，利子率を急増しなければならないがそれは政策的に不人気なので，貨幣供給量をコントロールすることで実際には利子率の高騰を実現した，といわれている．前述のように合理的期待形成理論者が主張した痛みのないディスインフレーション（インフレ収束）は実現できなかった．

1982年10月にはFRBは再び利子率の安定化を貨幣供給量のコントロールよりも優先するようになった．さらに，1987年には貨幣供給量の尺度であるM1

をターゲットにしないと宣言した．金融革命の進展とともに，1980年代に入って M1 と経済活動の関係が不安定になった．代わって M2 に注目するようになった．しかし，1990年代の初めには M2 と経済活動の関係も不安定になった．1990年代になると FRB は市中利子率であるフェデラル・ファンドレートをターゲットにすることにして，1994年からはそれまで秘密にしていた目標値そのものを公開するようになった．2000年には FRB が貨幣供給量の目標値を議会に報告する義務がなくなった．

(2) 銀行の出店規制と金利規制

　19世紀に中西部諸州は東部の金融大資本に支配されることを恐れていた．そのため，銀行は複数の州で認可を受けて全米規模で多くの支店を持つことができないよう規制されていた．1865年には国法銀行を監督する財務省の貨幣監督官は，国法銀行は1つの州で1店舗と定めた．また，多くの州が州法銀行の支店開設を規制するようになった．1924年で州内での支店開設が自由に認められているのは11州のみであった．一店舗しか持たない小規模銀行は新規参入を防ぎたかったので議会に陳情してこのポリシーを維持するよう求めていた．1927年のマクファーデン（McFadden）法は，州法銀行が支店開設の規制緩和を行っている州では，国法銀行も本店のある市の中では支店を設立してよいこととした．しかし，国法銀行も州の出店規制に従うことになり，州を超えての支店開設は禁止された．戦後の1967年になっても，14州で銀行は1店舗のみ，19州で規制なしであった．

　支店規制に対して銀行は，自動現金預払機（Automated Teller Machines, ATM）を積極的に導入した．とくにスーパーマーケットやガソリンスタンドなど銀行以外の場所に設置していれば，支店とはみなされないので多数の ATM を設置することで顧客を獲得できた．また，複数の銀行を支配下に置く銀行持株会社が設立された．1956年以降，銀行持株会社も連邦準備制度の監督下に置かれている．一方，州政府同士が互いに相手の州の銀行の支店開設を認める，というのは1975年のメーン州を皮切りに行われてきた．州内に支店を持つことへの州政府への認可も甘くなっていった．1990年には1店舗のみ認めて

いたのは3州のみとなり33の州で州全体に支店を持ってよいことになった．さらに州政府が相手の州も同じことを認めているのならば，州外の銀行が自分の州の銀行を合併することも認めるようになった．

そして，最終的に1994年のリーグル・ニール法で銀行持株会社はどの州でも支店を持て，異なる州の銀行同士の合併も認めることになった．大型合併が可能になった．ただ，アメリカは地域密着型小規模銀行の伝統もまだ残している．大規模銀行は特定地域経済が不振に陥ってもリスクが分散するし，本社の間接部門費が節約できる．一方で，大規模銀行が破綻すれば影響力が大きいので，政府や連邦準備制度も手厚く支援せざるを得ない．「大きすぎてつぶせない銀行」は政治的にも影響力を持ちかねない．また，そのような銀行は利益を上げれば自分のものとなり，損失を出せば政府が助けてくれるので，ハイリスク・ハイリターンな行動をするという「モラルハザード」の問題も引き起こす．

また，金利も規制されてきた．1935年にFRBはすべての貯蓄口座と定期預金の上限金利を規制した「レギュレーションQ」を定めた．1966年，貯蓄金融機関（定期預金で集めた資金を不動産・住宅に融資する貯蓄貸付組合，Saving and Loan Association, S＆Lなど）の預金金利にも上限をつけた．預金金利の規制は当初は銀行のコストを抑制するのに役立ったが，1960年代末から1970年代にかけてインフレが進行すると，低利の預金金利では預金を集めにくくなった．さらに，証券会社（投資銀行）は1971年に投資信託の一種である短期金融資産投資信託（Money Market Mutual Funds, MMMF）を導入した．これは，顧客の小切手口座からの資金を短期有価証券で運用し高い利子をつけて返すものである．1977年にはメリルリンチが現金管理勘定（Cash Management Account, CMA）を投入しMMMFを組み込んだ．顧客はクレジットカードや小切手を利用しつつ預託された現金はMMMFで運用される．市場金利商品であるが，銀行預金と同じ決済性を持つ．投資銀行によるこの新しい金融商品によって，家計の金融資産が商業銀行の預金口座から離れていってしまった．これに対抗して商業銀行側が1978年に決済性と貯蓄性を兼ね備えた短期金融市場資産証券（Money Market Certificates, MMC）を売り出し1980年には最低預け入れ単位のない小口貯蓄者資産証券（Small Savers Certificate, SSC）を導入した．金融機関

同士の競争が激しくなるにつれて金融自由化への要望も強まった.

1980年の金融制度改革法(Depository Institutions Deregulation and Monetary Control Act)によって,預金金利の上限(レギュレーションQ)を廃止することとなった.1986年までに廃止する予定だったが1983年に完了した.さらに,個人向けに限定している譲渡性払戻指図書(Negotiable Order of Withdrawal, NOW)勘定が認められたが,これは小切手を振り出せる貯蓄預金のことである.さらに商業銀行と貯蓄貸付組合(S&L)との業務範囲の垣根を取り払った.こうして預金金融機関を同質化したのち,すべての預金金融機関をFRBの定める法定準備率の対象にしてFRBの政策が行き渡るようにした.

こうしてそれまでの小切手を発行できるが利子のつかない小切手口座と,小切手は発行できないが利子がつく貯蓄口座の垣根が取り払われ,取引決済に使える貨幣の定義があいまいになった.このことが前述したように貨幣の流通速度が不安定になった要因の1つと考えられる.

さらに1982年の預金取扱金融機関法(Garn-St. Germain Act)により,MMMFに対抗するさらなる金融商品である市場金利連動型普通預金(Money Market Deposit Account, MMDA)を商業銀行とS&Lが発行してよいことになった.さらに連邦政府が認可したS&Lは州政府の許可なしに株式会社に転換できることになった.貯蓄持株会社は消費者金融や不動産融資やリース会社などノンバンクの金融機関を傘下に持つようになった.MMDAによって資金調達の手段も定期預金以外に広がった.しかし,収入源の住宅ローンは長期固定型金利で低いままなのに,1980年代初めは高金利の時期にMMDAなどで資金調達することになったので自由化の中でS&Lの収益はむしろ悪化した.金融引き締めで住宅ブームにブレーキがかかると経営危機に陥るS&Lが急増し,1980年代末には前述のようにブッシュ(父)政権の下で政府が損失補填を行った.

(3) 証券と銀行の分離

グラス・スティーガル法は銀行が株を扱うことを禁止し,投資銀行(証券会社)が銀行業務をすることを禁止した.しかし,両者の垣根はなし崩し的に低

くなっていった．1978年に商業銀行のバンカーズ・トラストは企業が発行する商業手形（コマーシャルペーパー）を投資家向けに販売した．FRBはグラス・スティーガル法違反でない，と判断した．この判断は最高裁で一度は差し戻されるが，1986年に差し戻し控訴審で合法と判断された．

　1987年にFRBはグラス・スティーガル法第20条が，商業銀行の子会社は証券業務の収入がその子会社の全収入の10％（1996年に25％に改定）を越えない限り，有価証券の引き受けをして良いとしていることを抜け穴として，銀行持株会社に有価証券の引き受けを認めた．翌年，最高裁もこの判断を支持した．商業銀行のJ.P.モルガンが1989年に社債を，1990年には株式を引き受けた．

　一方，証券会社も銀行業務を行おうとして1970年代半ばにメリルリンチが証券総合口座を開発した．これは，証券取引口座，短期証券投資信託，小切手，カード決済などを含んだ口座である．

　証券業務と銀行業務の垣根の正式な撤廃は1999年，グラム・リーチ・ブライリー法によって行われた．同法ではまたFDICでカバーされていた預金がハイリスクな投資に向けられることが認められ，損失はFDICが補填してくれることになった．

(4)　新たな金融商品の登場

　デリバティブとは株式，債券など原資産となる金融商品から派生した商品であり，将来売買する商品の売買条件をあらかじめ決めておく「先物取引」，将来売買する権利をあらかじめ購入する「オプション取引」，金利や通貨をあらかじめ約束した条件で購入する「スワップ取引」などがある．本来は投資商品の価値が値下がりしても収益が得られるし，相場が下落しそうならば先物を売ることができるなど，リスクを回避し市場変動を和らげる働きがあった．しかし，原資産より少ない金額で大きな取引ができるので，投機目的の購入が増え，現物とは別の需給関係が生まれ，市場の割安・割高感と関係なく売買され，相場を乱高下させ大きな損失が生じる場合もでてきた．

　1994年，デリバティブへの投資で，カリフォルニア州オレンジ郡が財政破綻した．1995年にはシンガポール支店の一行員のデリバティブでの運用損失によ

ってイギリスの老舗ベアリング銀行が破綻した．1998年にはデリバティブ投資に失敗して，ロングタームキャピタルマネジメント社が破綻しニューヨーク連銀の仲介で大手銀行・証券会社が買収した．だが，この会社はデリバティブ理論の構築に貢献し1997年にノーベル経済学賞を受賞したマートン（Robert Merton）とショールズ（Myron Scholes）が経営に参画した会社なのである．

　1998年に商品先物取引委員会のボーン（Brooksley Born）委員長がデリバティブの規制を検討することを提案したところ，FRB，政権幹部，議会さらには証券取引委員会からまで猛反対された．彼女は翌年，再任されなかった．議会は2000年に商品先物取引近代化法を成立させ，デリバティブ規制の可能性を排除した．

　レバレッジとは購入した有価証券を担保にして借り入れを行いさらに投資を行うことである．買収の場合は買収先の資産を担保に債券を発行して資金を借り入れ，その金で実際の買収を行うことである．1980年代から活発になった手法で投資銀行には巨額の手数料が入る．しかし，レバレッジを行った企業は債務超過に陥り経営基盤が脆弱になる．レバレッジとはテコの意味であり，もともと持っていた資産の何倍もの資金を動かし投資ができるという利点の反面，ほんのわずかの率の価値の下落でも原資をないものにしてしまう．資産の10倍を借り入れて運用していたら，その価値が10％減っただけで元々の資産と同額の損失になる．

　社債というのは借金の証書であるが，一般投資家は借手企業が安全かどうかわからないので，第3者から優良と認められた企業のみが社債を発行できる．新規の社債を発行できるのはランクがBaa以上の企業である．かつては優良企業だったので長期社債を発行したがその後，業績が悪化してBaaより下に落ちてしまった企業の社債をジャンクボンドと呼んでいた．1970年代に情報技術が進歩して，個々の企業のリスクを判断しやすくなった．投資家はリスクを知った上でハイリスク・ハイリターンの債券を買うことに同意できる．元々がBaaより下の企業の債券もリスクがわかっているので買手がつく．そのような債券もジャンクボンドと呼ばれるようになり取引が広がった．ただ，ジャンクボンドの寵児ミルケン（Michael Milken）はインサイダー取引などの証券取引

法違反や顧客の脱税幇助などの罪で1989年に逮捕されている.

　このように2000年までに金融機関の希望した規制緩和が行われてきたのである．これは民主党クリントン政権下である．このためリーマンショック直後に行われた2008年大統領選挙で共和党陣営はブッシュ政権だけがこの混乱の責めを負うのは不公平で，クリントン政権にも責任があると主張したのである.

　注

1）　日本の高橋是清は総理大臣経験後に大蔵大臣（現在の財務大臣）となったが，直観的にケインジアン型積極財政政策を行った後，景気回復が軌道に乗ったので財政を引き締めたが，軍事費も例外としなかった．このため陸軍若手将校のクーデターである1936年の2.26事件で暗殺された.

◆コラム◆
数 学 付 録

　本来，コラムはコーヒーブレイクのような肩の凝らない内容にすべきかもしれないが，本文をやさしくするため数学の補遺をここでまとめて紹介したい.

(a) 乗数効果

　財政政策でも金融政策でもGDPが増加し始めると波及効果がおこる. 所得のうち消費に回る比率を限界消費性向というが，cであらわす. ここではc＝0.8とする. すなわち最初に所得が国全体で100億円増加すると消費が80億円増え貯蓄が20億円増える. 原材料など無視すると仮定して，消費する財・サービスを生産する人々の所得が80億円増える. その人々もc＝0.8として，64億円の消費を増やす. 再び原材料を考慮せず消費される財・サービスを生産する人の所得が64億円増える. 彼らも51.2億円の消費を増やす. このプロセスが続いていくのである.

　100＋80＋64＋51.2＋……の合計を求める必要がある.

$$Z＝1＋c＋c^2＋c^3＋c^4……①を求めよう.$$

Zにcをかけて $cZ＝c＋c^2＋c^3＋c^4……②$ として

①から②をひくと

$$Z＝1＋c＋c^2＋c^3＋c^4……$$
$$-) \quad cZ＝c＋c^2＋c^3＋c^4……$$
$$(1-c)Z＝1$$
$$\therefore Z＝1/(1-c)$$

　c＝0.8ならばZ＝1/0.2＝5であるから，100億円という最初の所得増加が最終的には500億円という5倍の効果をもたらす. この1/(1-c)を乗数という.

　所得が入ったらパッと使ってしまう. 限界消費性向が大きい社会では(1-c)が小さくなるので，乗数は大きくなる. 政策の効果が大きくなる点は良いのだが，消費者や企業家が弱気・強気で消費や設備投資を変更させるとそのインパクトが大きくなるので，景気変動が激しくなり必ずしも好ましくない.

(b) 信用乗数

　中央銀行が公開市場操作で銀行から国債を購入すると，貨幣が市中に流れる. A

銀行に100億円が入ったとしよう．法定準備率が10％とすると10億円は残して90億円を貸し出す（銀行にとって貸し出せば利子収入を稼げるので，法定準備率以上に手元に置いておくのは好ましくない）．90億円を借りた企業は最終的には機械を購入したりするのだが，一時的には自分の取引銀行（Ｂ銀行）に預金する．Ｂ銀行はまた，10％にあたる9億円だけ手元に残して81億円を貸し出す．Ｂ銀行からの借り手は81億円を一時的にＣ銀行に預ける．Ｃ銀行は8.1億円を手元に残して72.9億円を貸し出す．社会全体へのインパクトはこれらの貸し出し額の合計100＋90＋81＋72.9＋……を求めればよい．

　法定準備率をｒとする．1円の国債購入に際して（1-r）を貸し出すことができる．それがつながっていくと合計額Ｚは次のようになる．

$$Z=1+(1-r)+(1-r)^2+(1-r)^3+(1-r)^4\cdots\cdots①$$
$$(1-r)Z=(1-r)+(1-r)^2+(1-r)^3+(1-r)^4\cdots\cdots②とすると$$
$$①-②=rZ=1$$
$$\therefore Z=1/r$$

　ｒ＝0.1ならば1/rは10倍になる．公開市場操作で生まれた貨幣供給量の増加は最初の国債購入額の10倍であり社会全体で大きなインパクトになる．

(c) 国債価格

　債券（国債，社債，自治体債，学校債）は借金であるが，ここでは毎年Ｃ円ずつ永久的に払ってくれる国債を考えよう．通常は期限が有限で元金を最終的に返してくれるが，ここでは無視して毎期の支払いだけ考える．

　利子率をｉとすると，この債券の現在価値は

$$Z=C/(1+i)+C/(1+i)^2+C/(1+i)^3+C/(1+i)^4\cdots\cdots①.$$
$$X=1/(1+i)とおく.$$
①は②となる．③＝x②とすると
$$Z=Cx+Cx^2+Cx^3+Cx^4+Cx^5\cdots\cdots②$$
$$-)\ xZ=Cx^2+Cx^3+Cx^4+Cx^5+Cx^6\cdots\cdots③$$
$$(1-x)Z=Cx$$
$$\therefore Z=Cx/(1-x)$$
$$x/(1-x)=1/(1+i)/i/(1+i)=1/i なので$$
$$Z=C/i となる.$$

利子率が低いと国債の現在価値が高くなり，投資家が購入してくれる．利子率が低いと国債の利回りが資産として魅力的になり売れる．利子率が低いとインフレが起こりやすくなり，定額の支払い C の実質負担が小さくなり，国にとってはありがたい．これらの理由から中央銀行が政府から独立していないと財政赤字に対して金融緩和政策をとる傾向がある．第 1 次世界大戦後のドイツがその例できわめて高率のハイパー・インフレーションが発生した．

第4章
ミクロ経済学と競争政策

1. 反トラスト法の経済学

(1) 反トラスト法の成立

第2章で述べたように19世紀後半に産業が発展する一方で，農民は大企業に搾取されているという意識を持って大企業に対する反対運動を進めた．アメリカでは合併で大きくなった企業をトラストと呼んだ．これは中心となる企業に他の企業が経営権を譲渡すると，「きちんと経営します」と約束したトラスト証券を受け取ったためである．農民や中小企業によるトラストへの反対運動が1890年にシャーマン法として結実した．共和党シャーマン（John Sherman）上院議員はオハイオ州選出だったが，そこには中小の石油業者が多く，石油のトラストであるスタンダードオイルへの反発が強かった．また，共和党は製造業保護のために関税を引き上げたかったので，民主党ら反対派を高関税による価格引き上げは反トラスト法で抑制されるということで説得したかった面もある．

シャーマン法は第1条の取引制限（カルテル）の禁止，第2条の独占ならびに独占化の試みの禁止から成る．1911年に最高裁判所はロックフェラー家のスタンダードオイルを分割すると判断した．一見するとシャーマン法の文言どおりの適用と思われるが，判決理由が大切である．最高裁判所は独占には「良い独占」と「悪い独占」があり，後者のみが取り締まりの対象になると判断した．スタンダードオイルは企業努力によって成長した「良い独占」ではなく，ライバル企業が負担するコストを高めるための鉄道会社との共謀やパイプライン会社の買収，国内で高く海外で安く売る価格差別，買収した企業がスタンダード

オイルの子会社だとわからないようにする秘密主義など「悪い独占」であったので分割されたのである．同年，アメリカンタバコも独立していた企業にトラスト参加を強要したということでやはり分割された．一方，1920年にはUSスティールは不当な手段で合併して大きくなったわけではないとして無罪となった．さらに，1945年のアルミ精錬の大手アルコアは分割になりそうだったが，戦時中に政府が設置したアルミ精錬施設をアルコア以外の2社に払い下げて競争環境が作られたので，アルコアの分割は回避された．

シャーマン法第2条違反を問うことができるのは，独占の状態が存在し，その独占が不当な手段によって達成された場合で，独占の状態になってからでないと適用できないので，議会は1914年にクレイトン法を成立させた．これは，価格差別の規制（第2条），抱き合わせ販売の規制（第4条），競争減殺の恐れのある合併の禁止（第7条）という行動を規制することを含んでいた．「恐れ」で合併を禁止できる点では企業側に厳しい運用が可能であった．同年成立した連邦取引委員会法では不公正な競争方法が禁止され，これを取り締まるため連邦取引委員会（Federal Trade Commission, FTC）が設立された．これで，従前からの執行機関である司法省（反トラスト局）がシャーマン法とクレイトン法を，FTCがクレイトン法と連邦取引委員会法を担当することになった．

連邦取引委員会法は不公平な取引方法が「競合他社に」損害を与えることを禁止したが，1938年のウィーラー・リー法は，「消費者に」損害を与える不公平な取引方法も禁止した．たとえば虚偽の広告によって競合他社から顧客を奪うケースだけでなく消費者に損害を与えることも規制されるのである．クレイトン法の対象とする合併は株式取得による合併で，資産（土地・建物）の取得による合併は対象外だった．その抜け穴をふさいだのが1950年のセラー・キーフォーバー法である．

このような法律の総称が反トラスト法である．日本では独占禁止法と呼ばれるが，一般的には競争法と呼ばれる．

(2) 競争の形態

表4-1が示すように競争にはいくつかのタイプがある．完全競争というの

表 4 - 1　競争のタイプ

タイプ	生産者の数	製品差別化	参入障壁	価格支配力
完 全 競 争	多数	なし	なし	なし
独占的競争	多数	あり	低い	少しあり
寡 　 　 占	少数	なし・あり	高い	あり
独 　 　 占	1	なし	不可能	あり（規制受ける）

出所：Thomas, W. L. and Carson, P. B. (2011) *The American Economy*, Armonk, New York: M. E
　　Sharpe, p. 92 を参考に筆者作成.

は，小規模で多数の売手がいる．どのレベルだと「小規模で多数」なのかとい
うのは，市場の大きさ（需要の大きさ）と技術（1個当たりのコストが一番小さく
なる生産量）で決まる．製品差別化とは製品の品質に差があったり，実際には
差がないのに消費者が異なるブランドイメージを持っていることである．完全
競争では製品は差別化されておらず同質であるので，価格だけで勝負が行われ
る．参入障壁はないので儲かっているならば同業者が参入してくる．経済的利
潤がある限り参入がおこり供給量が増え価格は低下するので，結果として長期
均衡では経済的利潤はゼロとなる．経済的利潤とは会計上の利潤から，同じ資
源を使って得られる利潤で2番目に大きなもの（機会費用）を差し引き，さら
に利潤に貢献した優秀・勤勉な社員や部品メーカーにボーナスを払うなど，供
給の限られている要素に特別の支払い（レント）を行った後のものである．経
済的利潤は理念的なもので，経済的利潤がゼロでも会計上の利潤は存在してい
るので，倒産の心配はない．

　最後に価格支配力とは費用に比べてどれだけ価格を引き上げることができる
かということである．完全競争では企業は価格支配力を持たず，市場で決まっ
た価格を受け入れるという価格受容者（プライステイカー）である．大根の値段
が市場で決められてしまっている農家を思い浮かべるとよい．完全競争ではさ
らに，どこでだれがどんな品質の何を買いたがっているか，売りたがっている
かということがわかっている，という完全情報が想定されている．

　完全競争の対極にあるのが，独占である．文字どおり1社しか存在しない．
1つの製品なので製品差別化はないと想定している．もっとも，たとえばビー

ル会社が1社しかなくても消費者の嗜好に合わせて女性向け，高齢者向けなど異なるビールを出すであろうが，ここでは製品差別化はないと想定する．価格支配力は大きく，経済的利潤がプラスということは通常の会計上の利潤はかなり高くなる．参入障壁はきわめて高く，経済的利潤があっても参入が起こらないので，独占なのである．ただ，多くの場合，独占企業は政府から規制を受けていて，独占を守るように参入が制限されている代わりに価格を勝手につけることができず政府の認可を必要とする．

　寡占は数えられる程度の企業数で，製品差別化が強い場合もあるし，素材系のようにあまりないのもある．参入障壁も中程度であり，価格をつり上げても経済的利潤を保つことができる．寡占が懸念されるのは少数の企業が市場を支配すると，後述のようにカルテルが結びやすくなり，競争しなくなり価格がつり上げられるためである．しかし，少数企業間の競争は互いに相手を意識した「顔の見える競争」となり激しくなることもある．完全競争の農家はライバルを意識していないだろうが，トヨタはホンダやフォルクスワーゲンを意識して激しく競争している．

　寡占の程度（市場集中度）の尺度には2種類がある．1つは C_N で上位 N 社の市場シェアの合計である．シェア（占有率）とはその企業の売上高（通常は金額で表すが，自動車の生産台数など物理的な量で表すこともある）を市場の全企業の売上高（生産高）で割ったものである．C_N としては C_3 や C_4 が良く用いられる．これが大きければ少数の上位企業が市場を支配していることになる．

　もう1つの尺度がハーフィンダール指数（H）である．これは各企業の市場シェア2乗の合計である．10%のときは，0.1でなく10として計算することが多い．厳密にはすべての企業を計算に加えなくてはならないが，データを集めにくい市場シェアの小さな企業は無視してもよい．たとえば0.5の2乗は0.25なので，シェアが1%に満たない企業の正確な値を含まなくても大勢に影響はないからである．

　指数としてはHの方が分布状態がわかりやすいので優れている．たとえば，Aという市場は上位4社のシェアがそれぞれ50%，10%，10%，10%とする．Bという市場はすべて20%とする．C_4 はどちらも80であるが，H は A 市場では

$$50^2 + 10^2 + 10^2 + 10^2 = 2500 + 100 + 100 + 100 = 2800$$

　B 市場では

$$20^2 + 20^2 + 20^2 + 20^2 = 400 + 400 + 400 + 400 = 1600$$

となりかなり異なる．そして，A 市場では 1 位企業とそれ以下の差が大きいが，B 市場では同じ規模の企業が競っているので，B 市場のほうが競争が激しいと想像でき，この違いが H の値には反映される．C_N や H が大きいと少数の企業が市場を占有しているわけで，「寡占が高度化している」とか「企業集中度が高い」という．

　独占的競争は完全競争と独占の中間であり，多くの企業が競っているが製品差別化があることが最大の特徴である．自社ブランドを気に入っている消費者に対しては独占のように価格をつり上げられる．しかし，経済的利潤が発生すると完全競争のように参入がおこり，似たような製品が現れる．長期均衡としては経済的利潤はゼロになる．

　表 4 - 1 は売手の数で分類したが，実は買手の数も重要である．完全競争では買手も小規模多数で買値に影響を与えないと想定されている．買手が 1 社しかない買手独占は買いたたくので弊害が生じる．ただ，本章では売手の数のみに注目する．

(3)　独占の弊害

　図 4 - 1 は右下がりの市場の需要曲線であるが，細い柱が高い順に並んでいるものと理解しよう．柱の高さは各消費者の支払ってもよいと思う上限価格である．一番高い価格を払ってもよいと思っている消費者から順番に並んでいると想定する．完全競争市場での供給は価格が限界費用と等しいところで決まる．限界費用というのは生産物を 1 単位増産する際の費用の増加分である．価格受容者である完全競争企業は 1 単位増産すると価格の分だけ収入が増加するが，これと費用の増加分である限界費用とが等しくなっている状態が最適なのである．ここでは限界費用は100円で一定と想定しよう．100円で供給されることに

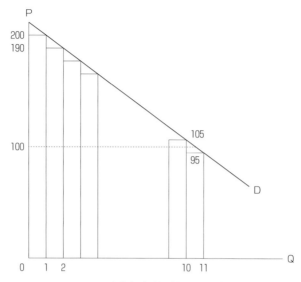

図4-1　消費者余剰と第1種価格差別

出所：筆者作成.

なり，供給曲線は100円のところで水平な直線となる.

　価格が100円と決まった場合，最初に並んでいる人は200円払う意思があるのに100円で済んでいるので，残りの100円分は得している．2番目に並んだ人は190円払う意思があるのに100円で済んでいるので90円分は得している．10番目に並んだ人が105円を払う意思があるが，11番目に並んだ人は95円しか払う意思がなければ，10番目の消費者まで購入するので，10個売れることになる．消費者が得している部分は消費者余剰と呼ばれる．

　図4-2は右下がりの需要曲線と水平な限界費用曲線 MC を再び描いている．完全競争の均衡は E 点であり，価格が P_c で取引数量が Q_c となる．消費者余剰は三角形の面積 AEP_c で表される．独占企業は少なく作って価格をつり上げることで利益を上げているので，図4-2では独占均衡は B 点（P_m, Q_m）としよう．$P_m > P_c$, $Q_m < Q_c$ である．消費者余剰は $\triangle AEP_c$ から $\triangle ABP_m$ となり，台形 P_mBEP_c の分だけ減少する．独占企業の売上高は P_m と Q_m の積なので長方形 P_mBQ_mO の面積である．費用は1個当たりの費用100円に生産量 Q_m をか

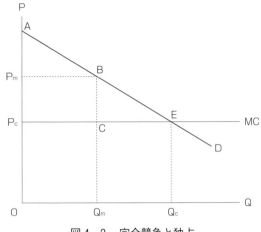

図4‑2　完全競争と独占

出所：筆者作成.

けたものなので，長方形 P_cCQ_mO の面積である．差し引きの利潤は長方形
P_mBCP_c である．しかし，この部分は消費者余剰の減少分 P_mBEP_c の中にふく
まれており，すなわち，消費者から独占企業への移転である．狭い意味で経済
学分析では所得の移転は問題にしない（現実では大問題であるが）．誰かが1万
円を落として後から歩いてきた人が拾えば所得は移転したが社会の富は変わら
ない．消費者余剰の減少分のうち所得の移転でない部分，すなわち $\triangle BEC$ は
誰の持ち物でもなく社会から消えてしまった．これを「死重損失」と呼ぶ．狭
義の経済学分析では死重損失が出るのは問題であり，「資源配分が非効率」だ
といわれる．

　独占の弊害は3つある．第1がこの資源配分上の非効率性である．第2は
「X非効率性」の発生である．Xは未知数で理由はわからないが非効率になる
ということであるが，真の要因は独占企業が競争に直面しないことから生じる
気の緩み，やる気のなさである．第3がレントシーキング活動である．レント
とはもともとは「地代」の意味であるが，限定された供給に対する報酬であり，
ここでは独占利潤を指す．前述のように独占では価格がしばしば政府による認
可制になっている代わりに，参入が政府によって規制され独占的地位を守って

もらっている．独占企業はこの参入規制が緩和されないように政治家や官僚に陳情する．賄賂，接待費，選挙協力などの費用は大きくないように思われるが，企業経営者が生産性の向上や新製品開発の努力ではなくレントシーキング活動に走っている社会は発展できない．独占の存在はレントシーキング活動を活発にするから問題なのである．

　前述の第1の弊害は独占企業と完全競争企業とで技術が同じであれば，すなわち限界費用曲線の位置が同じであれば，必ず発生する．同じ技術というのは，たとえば同じ旋盤機械を独占では1社が100台を，完全競争では100社が1台ずつ使って生産していると想定することである．しかし，独占企業は完全競争企業よりも優れた技術を使い，また量産効果によってコストが低くなっている可能性がある．完全競争企業では価格は限界費用（100円）に等しいが，独占企業は限界費用の2割増しの120円まで価格をつり上げるとする．同じ技術ならば独占企業の方が価格は高くなる．しかし，独占企業が優れた技術を用いて限界費用を2割減らして80円にできるのならば，その2割増しに価格をつり上げても96円となり，技術の劣った完全競争企業よりもむしろ価格は下がる．

　ただ，本当に独占企業が優れた技術を用いてコストを下げたり，さらに新製品を出したりしてくれるだろうか．新しい製品や製法を実用化・普及させることがイノベーション（技術革新）である．「イノベーションの担い手は独占企業である」というのは，オーストリア生まれの経済学者シュンペーター（Joseph Schumpeter）が主張したので「シュンペーターの仮説」と呼ばれる．

　独占企業は次の理由からイノベーションの担い手になると考えられる．まず，独占企業の利潤は研究開発資金に使われることができる．研究開発のような不確実な投資を外部資金で賄うのは難しい．第5章で述べるようにベンチャーキャピタルというのは特許を取得した，ある程度軌道に乗った新興企業にしか投資しない．さらに独占企業は販路を持っているし，ブランドイメージも確立しているので，新しい製品を売り出すことができる．無名の新興企業の製品は小売店が扱ってくれないし消費者も信頼して購入してくれない．また，独占企業は生産量が多いため少しの費用削減でも大きな利潤となるので，新製法の導入に積極的である．さらに，独占企業は経営基盤が強固なのでリスクの高い開発

プロジェクトも実行できる.

　一方, 独占企業がイノベーションの担い手となりにくい理由もある. 独占企業はしばしば規模が大きくピラミッド型官僚的組織になっているので, 意思決定が遅いし, どこかの階層で担当者が反対すると社長の目に触れることもなく企画が捨てられてしまう. この点, 新興企業の方が創業者の一声で企画が進んでいく. つぎに, 前述の X 非効率性が生じ, 独占企業は危機感が足りないので立派な研究施設を持っていても大学で行うような研究をしてしまい実用的な技術につながらないかもしれない. さらに, 独占企業は既存の製品を陳腐化させてしまうような画期的な新製品を開発する誘因がない. 反面, 独占が崩れたときに失うものも大きいので, 独占企業は新しい企業が新製品をもって参入しそうなときは, 既存製品のコストを下げたり, 対抗する製品を導入するための研究開発に積極的である.

　このように理論上ではどちらともいえない. また, 実証分析でも結論は出ず, 産業の特徴, また用いる技術の性格によって異なる. アメリカでは製品イノベーションは陳腐化を恐れない新興企業が担い手となり, 製法イノベーションはわずかな費用削減も大きな利得になる独占企業が担い手になる傾向があるといわれる. 資源配分の非効率性は今の時点での非効率性なので静学的非効率性と呼ばれる. 一方, イノベーションや技術進歩は時間の流れのなかでの効率性なので動学的効率性であり, この両者のバランスを考えて競争政策を行う必要がある.

⑷　ハーバード学派とシカゴ学派

　1890年に最初の反トラスト法であるシャーマン法が制定された. その後も法律家による解釈が主であり, 経済学者が本格的に市場構造や競争形態の分析を行うようになったのは第2次世界大戦後である. 初期の有力なグループは主にハーバード大学の経済学者だったので「ハーバード学派」と呼ばれる. ハーバード学派は図4-3が示すように, 経済成長や取引慣行のような社会に与えられた基礎的条件のもとで, 市場構造が企業の行動を規定し, 企業の行動によって経済成果が影響を受けると考えた. 図4-3の上から下につながる矢印である.

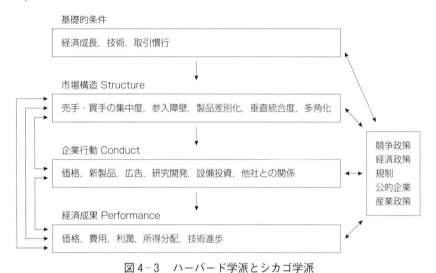

図4-3　ハーバード学派とシカゴ学派

出所：新庄浩二編（1995）『産業組織論』有斐閣，12頁をもとに筆者作成.

　ハーバード学派によれば，市場構造が高度な寡占だとカルテルが結びやすくなる．カルテルは違法行為である．悪いことをするには仲間は少ない方が露呈しにくく都合が良い．違法行為だから表立って交渉するわけに行かず，「あうんの呼吸」でやらなければならない．少数の企業が市場の大部分を占有していれば彼らの相談で価格をつり上げたり生産量を抑制したりできる．寡占という市場構造（Structure）が共謀という企業行動（Conduct）につながり，高価格・高利潤という経済成果（Performance）につながるというハーバード学派の考え方は「SCPパラダイム」（パラダイムとは考え方の土台という意味）と呼ばれる．または，市場構造を重視するので「構造主義」とも呼ばれる．ハーバード学派は市場構造の寡占が高度化しないように合併は厳しく審査し，支配的企業がライバルを市場から排除しようとする行為は厳しく監視し，必要ならば独占企業の企業分割も辞さない，という厳格な反トラスト政策を主張する．

　これに対してやや遅れて現れたシカゴ大学を中心とする「シカゴ学派」は「SCPパラダイム」は単純すぎると批判する．彼らによれば，市場構造，企業行動，経済成果はS→C→Pの一方通行でなく，図4-3の左側にあるように

相互依存関係にある．シカゴ学派は企業努力して効率的な企業がシェアを伸ばし利潤も増やしているのだから，そのような企業を反トラスト政策によって罰するのは本末転倒だと考え，企業の好きにさせる自由放任主義を主張する．

　一般に民主党はハーバード学派に近く，共和党がシカゴ学派に近い．ニューディール政策の1930年代半ばから1960年代まではハーバード学派の影響で厳しい反トラスト政策がとられた．1970年代に学界ではシカゴ学派が力をつけてきたが，1981年からの共和党レーガン政権の下で登用され，反トラスト政策は大幅に規制緩和された．その後，クリントン政権で多少厳格化，ブッシュ政権で緩和，オバマ政権でまたやや硬化と振り子が揺れている．

　シカゴ学派はミクロ経済学の理論に基づいた企業行動の分析を重視する．彼らからの批判を受けてハーバード学派も1980年代以降に理論の精緻化を行い，今日では「新ハーバード学派」とか「ポスト・シカゴ学派」などと呼ばれるようなグループが現れている．経済学の理論モデルは与えられた仮定のもとで理論的に矛盾がなければ理論としては問題がない．しかし，その仮定が現実と合わなければモデルとしては有用性に乏しい．シカゴ学派はSCPパラダイムの理論の軽視を攻撃していたが，自らが主流派となると，現実感に乏しい仮定に基づいた理論で政策を提言することが批判されるようになった．

　反トラスト政策の規制の仕方には2つの種類がある．1つが「当然違法」であり，もう1つが「合理の原則」である．「当然違法」では行為それ自体が発覚したら，弁明を聞くことなく違法となる．「合理の原則」では行為の社会にとってのプラス面とマイナス面を考慮し，差し引きしてプラス面が多ければ合法で，マイナス面が多ければ違法と判断する．しかし，この「社会」の定義が難しく，経済学者の多くは消費者と企業の利益の合計（専門用語では「消費者余剰」と「生産者余剰」の合計としての「社会的総余剰」）とみなす．たとえば，反トラスト政策を緩和し企業の利益が増え消費者の利益が減っても差し引きがプラスならばその政策は是認される．一方，法律家の多くは反トラスト法の立法趣旨に照らして消費者の利益が減ることは認められないとする．前述したように独占企業が費用も減らしつつ価格もつり上げる場合，消費者が払う価格が下がるほどにコスト削減が大きければ規制の必要はないが，費用削減効果が価格つ

り上げを相殺するほど大きくなく，企業の利潤は増えるが消費者の利益は減っているようならば，規制が必要ということになる．

　本来，すべての行為は「合理の原則」で判断すべきであるが，審査に時間と費用がかかるので，プラス面がなさそうな行為は「当然違法」で判断する．カルテルは「当然違法」で判断され，合併は「合理の原則」で判断される．シカゴ学派の影響力で，後述するように再販売価格維持は「当然違法」から「合理の原則」に変わってきている．もちろん「合理の原則」になっても違法判断が下されることはあるのだが，原告側は競争阻害性についてより厳密な証拠を出さなければならなくなるので勝ちにくくなる．これまで「当然違法」だったものが「合理の原則」に緩和される意義は決して小さくはない．

2．支配的企業の規制

(1) 企業分割

　第2次世界大戦後の独占企業の規制はコンピュータのIBMと電話のAT＆Tに対して検討された．IBMに対しては政府が1952年に民事訴訟を起こした．民事なので分割は考慮されなかったが，1956年に同意判決（同意した内容を裁判所が下す）に至った．重要な点はIBMが得意としていたリース（レンタル）をやめることであった．販売でなくリースにすることによって，顧客の負担も大きくならず，IBMも毎月安定した収入が得られ，営業員が常に顧客とコンタクトを取っているので次の製品を出したときに引き続き契約してもらえ，他社への乗り換えを防ぐことによって独占を維持してきたのである．政府はまたリースが中古市場や独立したアフターサービス業者の成長を妨げていることも問題にした．

　さらに，政府は1969年に再びIBMを独占だとして提訴した．今回はCDC（Computer Date Corporation）というコンピュータ企業も訴えを起こし，積極的に裁判資料を集めていた．アメリカではこのように損害賠償を求めて企業が企業を反トラスト法違反で訴える私訴が活発である（今日，件数では90％以上が私訴である）．IBMは巧みに1972年末にCDCと和解を結んで政府の訴訟能力を低

下させた. それでも裁判は続いたが, 1981年にレーガン政権が取り下げた.

IBM側はこの裁判での心象をよくするために, また同時に収益性も考えてのことだが, 1968年末（政府訴訟が実際に起こされたのは1969年1月だが, 訴訟を起こされることは予想されていた）にハードウエアとソフトウエアのアンバンドリングを行った. それまではソフトウエアはハードウエアに組み込まれ売られていたのだが, 別売されるようになったのである. このことがソフトウエアが産業として独り立ちし多くの専業企業が勃興するきっかけになった.

AT＆Tに対しても政府は厳しく監視していた. 1949年の提訴を受けてAT＆Tは, 同社のベル研究所で1947年から48年にかけて発明されたトランジスタの技術を2万5000ドルで希望企業には公開した. 1956年の同意判決によってそれまでの特許は無償で, それ以降のものは有償だが合理的な価格で無差別（希望する企業すべて）にライセンスすることになった. 私有財産である特許を強制的にライセンスさせたのである. しかし, このことがトランジスタの技術を普及させ, アメリカのエレクトロニクス産業の発展に大きく貢献した.

政府は再びAT＆Tを1974年に提訴し, 1982年の同意判決によって, 地域の電話会社に分割することになった. しかし, 本体の長距離電話会社（AT＆T）はAT＆Tのための機器製造会社であったウェスタンエレクトリックとベル研究所を引き続き所有できるとともに通信以外の事業に参入することが認められた. したがって, 政府とAT＆Tは引き分けであったといえよう.

大企業の分割は時間と費用がかかる. その間に市場の構造が変わってしまい, 訴訟の意味そのものが明らかでなくなってしまう. コンピュータもダウンサイジング化が進みIBMの得意とした汎用コンピュータの重要性が低下し, IBMのコンピュータ産業での支配力も低下した. このため独占企業相手に政府が分割を求めて訴訟を起こすことはもはやないであろうと思われた. ところがクリントン政権がマイクロソフトを相手に裁判を起こした.

まず1990年にブッシュ（父）政権下の連邦取引員会がマイクロソフトのパソコンメーカーへのライセンス契約を調査していたが提訴には踏み切れなかった. クリントン政権下の1994年, 司法省がマイクロソフトの抱き合わせを問題にした. パソコンメーカーがウィンドウズをインストールするならば, ワードとエ

クセルもインストールするよう求めていた件では，1994年に同意判決によって
このような契約を取りやめることにした．また，マイクロソフトがパソコンメー
カーに対して実際のウィンドウズの搭載数でなくそのメーカーの販売量
（CPUの数）に基づいたライセンス契約（パー・プロセッサ・ライセンス）も取り
やめさせられた．マイクロソフト側は不正コピー防止のためと主張していたが，
パソコンメーカーがウィンドウズ以外のオペレーティングシステムを搭載する
誘因を減らすものであった．

　しかし，マイクロソフトはパソコンメーカーに対してウィンドウズを搭載す
るのならばエクスプローラーも載せろという新たな抱き合わせを行ったので，
司法省が1998年に提訴した．ただし，マイクロソフトはエクスプローラーを無
料で提供していた．ライバルのネットスケープ・ナビゲーターは将来，どのオ
ペレーティングシステムでもソフトウエアが動くようにする技術に発展する可
能性があり，ウィンドウズの地位を脅かすものであったので，マイクロソフト
は無償でエクスプローラーを提供してでもナビゲーターを追い落とそうとした．
マイクロソフトはウィンドウズとエクスプローラーは一体となって機能する統
合商品であり，抱き合わせを禁止した1994年の同意判決に違反していないと主
張した．

　2000年の第一審のワシントン特別区連邦地方裁判所では政府の主張が認めら
れ，さらにオペレーティングシステム（ウィンドウズ）を作る会社と応用ソフ
トウエア（ワード，エクセルなど）を作る会社に分割するという司法省案も認め
られた．マイクロソフトの強みはウィンドウズがバージョンアップしたらすぐ
に応用ソフトもバージョンアップすることである．同じ社内なので，ウィンド
ウズの変更点を知って応用ソフトもすぐにバージョンアップできる．分割はこ
の関係を切って他の応用ソフトウエアメーカーにも競争の機会を与えるもので
あった．しかし，応用ソフト市場でもマイクロソフトの地位は揺るぎないもの
になっていたので，分割は独占企業を2つ作るだけだという批判もあった．独
占企業の裁判は時間がかかるので結果がでるころには救済されるべき企業（こ
のケースでは応用ソフトのメーカー）がすでに消滅していて救済の効果がないこ
とがおこる．

　当然，マイクロソフトが控訴し，2001年の控訴審判決は独占の維持という点は部分的に認めたが，抱き合わせは「合理の原則」で判断すべきとして差し戻した．成立したばかりの共和党ブッシュ（子）政権は和解を望み，2002年11月に和解が成立した．マイクロソフトに対して企業分割はせずに行動を監視することとした．またウィンドウズのソースコードを公開し，マイクロソフト以外の企業も利用できるようにして，マイクロソフトの応用ソフト部門と同じ土俵で戦えるようにした．

　独占とまでは行かなくとも市場で支配的な企業については，ブッシュ政権が2008年にシャーマン法第2条の執行方針のガイドラインを定めた．企業努力で得た支配的地位を利用して利益を得ることには寛容な方針で，これを取り締まれば成長しようという企業努力の誘因が失われると考えていた．しかし，2009年にオバマ（Barak Obama）政権はこのガイドラインを無効として民主党の厳しい反トラスト政策を表明した．ある程度の市場支配力を持つ企業の行為とその規制については下記のようなものがある．

(2)　**価格差別**

　顧客によって異なる価格をつけることを価格差別と呼ぶ．クレイトン法制定の時代には批判的に捉えられていた．価格差別には3つのタイプがある．まず第1種価格差別（First Degree Price Discrimination，「第1級」とも訳される）であるが，図4-1に戻ると，各人に柱の高さいっぱい，すなわち払ってもよいと思っている価格の上限まで払ってもらうのである．ただ，実際には個々の消費者と財・サービス1単位ずつ支払額を交渉することは面倒で，第1種価格差別は実行が難しい．後述するように抱き合わせ販売によって可能なのである．

　第1種価格差別は消費者余剰を生産者が取り込む．所得の移転であるから狭い意味での経済分析では問題ない．ただ，反トラスト法の趣旨が消費者の保護であるのならば消費者余剰の減少は問題になる．しかし，第1種価格差別が可能ならば独占企業でも図4-2のE点（完全競争均衡点）で操業する．消費者余剰が完全には取り込めないので独占企業は少なく作って高く売ろうとしてB点で操業するのだが，もし消費者余剰が取り込めるのならばE点まで生産を

拡大する．そうなれば独占価格では高くて買えなかった人も買えるという意味では消費者にとっても好ましい．

　第2種価格差別は大口消費者には単価を安くするというものである．価格差別はクレイトン法第2条で規制されていたが，1936年のロビンソン・パットマン法はこれを改正し，価格差別が市場競争全体に影響が及ばなくても競争者に損害が及べば適用されることになった．これは大恐慌時代に塩が大口の大規模店舗（スーパーマーケット）には安く，小口の小売店には高く卸売されていたことに不満を持った小売業者が議会に陳情して成立した．しかし，大口顧客に配送する方が安いので卸売価格の差はコストを反映して正当なものであった．それを利益団体の陳情によって差額を禁止したわけで批判されることの多い法律である（同法にもコスト差の反映としての価格の差は抗弁として考慮するとは記載されている）．実際，1948年の「モートン・ソルト事件」では購入量に応じた塩の価格差別が違法と判断されている．今日では同法の執行は司法省も連邦取引委員会も積極的ではない（同法は廃止されてはいない）．

　第2種価格差別は，下記の式のような基本料金プラス従量料金の形でしばしば行われている．

$Y = a + bQ$

Y：支払い金額，a：基本料金，b：1個当たりの費用，Q：使用量．

1個当たりの支払い額は

$Y/Q = a/Q + b$

　図4-4が示すようにもし需要曲線が曲線の場合，1個当たりの料金が単にbならば斜線部の消費者余剰が発生する．しかし，a/Q+bが需要曲線の形状に一致すれば消費者余剰を完全に生産者が取り込むことができる．完全に一致はしなくても形状に近ければ，消費者余剰は斜線網目の面積となり，bのところでの水平線に比べて多くの消費者余剰を取り込める．これも所得の移転であるから，社会的総余剰を考えれば問題ないが，消費者の利益を優先するのならば問題である．

　第3種価格差別は消費者グループ（市場）ごとに異なる価格をつけるもので，

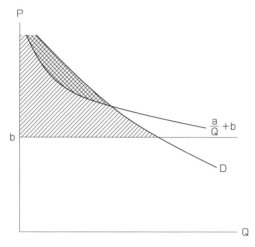

図 4 - 4　第 2 種価格差別

出所：筆者作成.

価格に敏感な（需要の価格弾力性の高い）グループには安く，価格に敏感でない（需要の価格弾力性の低い）グループには高く売る．図 4 - 5 において(a)のように需要の価格弾力性が高いと価格が少し変化しただけで数量が大きく変わるので需要曲線の傾きは緩やかになる．ここで費用は無視して売上のみ考えると，当初の売上高は $P_0 Q_0$ の四角形の面積である．ここで価格を P_1 まで少し減らすと，販売数量の増加は Q_1 までとかなり大きい．$P_1 Q_1$ の面積は $P_0 Q_0$ のそれよりも大きくなる．一方，もし価格を P_2 にまで上げれば販売数量は Q_2 にまで大きく減少し，$P_2 Q_2$ の面積は $P_0 Q_0$ より減少する．

　これに対して(b)のように需要の価格弾力性が小さく，価格が変化しても数量があまり変化しないケースでは需要曲線の傾きは急になる．もし価格を P_0 から P_1 に下げても，販売数量はほとんど増加しないので，$P_1 Q_1$ は $P_0 Q_0$ に比べてむしろ小さくなる．もし P_2 にあげた場合は販売数量の減少は小さいので $P_2 Q_2$ は $P_0 Q_0$ より大きい．したがって，弾力性の大きな市場（消費者グループ）に対しては安い価格，弾力性の小さな市場には高い価格をつける．

　明らかに売手は得をする．価格差別がないと高すぎて買えなかった消費者に

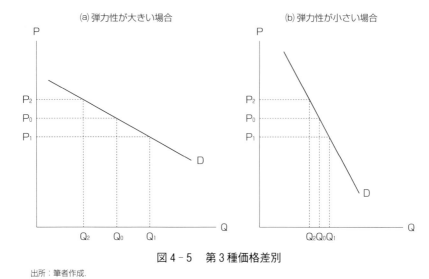

図4-5　第3種価格差別

出所：筆者作成.

は恩恵があるが，全体的には消費者は独占価格による便益の減少を被り，生産者と消費者を合わせた社会全体として純便益があるか否かは需要曲線の形状による．

　第3種価格差別は実際には多用されていて，航空会社の早期割引は，早くから予定をたてるレジャー客は，時間はあるが価格に敏感なので彼らには安くして，直前になって出張が入ったビジネス客はどうしても行かなければならず価格に敏感ではないので彼らには高くする．

(3)　略奪的価格

　略奪的価格とは，ライバル企業を市場から追い出す（市場を略奪する）ための低価格のことである．1967年の「ユタパイ事件」では，ユタ州の冷凍パイのメーカーが全国的メーカー3社がユタ州で安売りをしたため市場シェアを落としたとして裁判を起こした．価格が下がったことのみをもって違法と認定したので，ハーバード学派全盛時代の競争でなく競争者を保護した判例として批判も多い．

1993年の「ブルック・グループ事件」はブラウン・ウィリアムソンがタバコの低価格販売で競争者のリゲットの戦意を喪失させ価格競争が鈍化したが，無罪であった．最高裁は略奪的価格の条件として，① 価格が被告のコストを下回る（赤字が出ている），② ライバルが退出した後，被告は値上げを行い，安売りのとき生じた損失を回収できる，をあげた．そして，この事件では，①は認定するが②が証拠不充分と判断した．

一般に①の尺度としては限界費用が用いられる．完全競争の時でさえ価格は限界費用に等しいのでこれを下回るのは不自然である．しかし，限界費用は測定が難しいので，代わって平均可変費用（可変費用とは生産量とともに変化する費用で，原材料費などである）が用いられる．これらの基準はアリーダ・ターナーの基準と呼ばれるが，彼ら自身はシカゴ学派ではない．

②が可能か否かは参入障壁による．ライバル企業を追い出して市場を支配して価格をつり上げたところ参入が起きてしまえば，また低価格にして駆逐しなければならなくなる．参入障壁が高ければ価格をつり上げることができ，低価格の時の被った損失を回収できる．

この2つの条件が満たされてはじめて略奪的価格は違法となる．①が満たされない場合は，単にコストが低い高効率な企業が低価格をつけているので，効率の悪い企業がついていけなくなって退出するのはやむを得ない．これを規制することは消費者にとってむしろ損失である．②が満たされない場合，高価格にするたびに参入が起こるので，略奪的価格を行った企業は常に低い価格をつけることになり，これも消費者の利益になる．

略奪的価格を安易に認定してしまうと消費者にとって恩恵のある低価格競争が規制されてしまい好ましくない．非効率なライバル企業の退出を留める必要はない．ハーバード学派に基づく政策は競争でなく競争者を保護していると批判されてきた．しかし，ハーバード学派から見れば長期的に競争者が存在している市場構造を守ることが競争の維持につながるのである．

(4) 抱き合わせ販売

「抱き合わせ販売」とはAを買うためにはBの購入が条件となる，AとB

とをセットで買わなければいけない，ということである（「おまけ」ではなく対価が発生する）．ここで A を主たる財（抱き合わせる財，tying product）と呼び，B を従たる財（抱き合わされる財，tied product）と呼ぶ．前述のようにマイクロソフトはオペレーティングに応用ソフトを抱き合わせて問題になった．

　企業側は抱き合わせを弁護することも可能である．第 1 に靴と靴紐のように抱き合わせることに利便性がある場合がある．第 2 にユーザーに適正な消耗品を利用してもらうことで機械が正常に動きブランドイメージを維持できる．コピー機のメーカーが紙・インクも自社から購入することを求めるケースである．第 3 が前述の第 1 種価格差別の手段である．ここでもまたコピー機のメーカーが紙・インクを抱き合わせるのである．コピー機はどのユーザーにも10万円で売られるが，20万円払ってもよいと思っているユーザーは10万円分を紙とインクで払ってくれるのである．

　コンピュータでなくまだアナログ統計機の時代，IBM は統計機のユーザーにパンチカードも一緒に購入するよう求めていた．この抱き合わせ販売は政府によって1933年に提訴され，1936年に最高裁は IBM 製パンチカードでなければ機械の性能がフルに発揮できないという IBM の主張は証拠不充分と判断し IBM が敗訴した．

　主たる財が特許になっている場合は市場支配力を持つので抱き合わせは違法と判断されていた．1947年の「インターナショナルソルト事件」で岩塩を溶かす機械と，その塩を缶に注入する機械の特許を持っているメーカーが，その機械のリース先である缶詰メーカーに塩も一緒に買うように求めたことが違法と判断されたのが典型である．1962年の「ロウズ事件」は有名な映画のフィルムと無名の映画のフィルムを抱き合わせてテレビ局に売ったことが違法と判断された．有名な映画フィルムは著作権で保護されていて市場支配力があるとみなされた．

　市場支配力がない場合には抱き合わせは問題ないと判断されたのが，1984年の「ジェファーソン・パリシュ事件」である．イーストジェファーソン病院に麻酔医として応募した医師が，麻酔サービスは医療サービスを提供する機関から一緒に提供されるからという理由で採用されなかったことを訴えた．被告病

院のシェアが30％未満だったので市場支配力は認定されず原告は敗訴した．この30％というのが市場支配力に関するその後の目安になっている．

　1988年に特許法が改正され，特許がらみの抱き合わせは特許権者が市場支配力を持っていない限り適法となった．そして，2006年の「イリノイ・ツール・ワークス事件」では，主たる財であるトナーが特許になっていても紙・インクを抱き合わせることは違法ではないとされた．風邪薬のように特許になっている財同志の競争は存在し，特許が即，市場支配力とはならないということが受け入れられるようになった．

　ハーバード学派によれば，抱き合わせでは主たる市場で支配力を持っているか否かが重要である．その力を「てこ」のように使って従たる市場での支配力を強めようとする．しかし近年，30％未満の市場シェアや単に特許になっていることだけでは市場支配力とみなされない．これに関連してシカゴ学派は「独占利潤拡張不能理論（Single Monopoly Profit Theory）」を主張し，ある1つの市場で独占的であってもその力は簡単には他の市場での市場支配力の形成にはつながらないと述べ，抱き合わせ販売の規制緩和を主張した．一方，ポスト・シカゴ学派は「独占利潤拡張不能理論」は特定の前提の下でのみのものだと反論し，主たる財の市場が独占的であれば警戒すべきと考えている．

3．合併・カルテルの規制

　合併には3つのタイプがある．水平合併とは同業者同士の合併である．垂直合併とは売手・買手の関係にあった企業同士の合併である．パソコンメーカーが部品の売手である半導体メーカーと合併したり，製品の買手である家電量販店と合併したりすることである．混合合併は無関係な企業との合併であり，企業の多角化戦略の一環であり，これを続けると企業集団（コングロマリット）が形成される．

⑴　水平合併
　水平合併は企業規模が大きくなることにより「規模の経済性」が活かされ，

表4-2　水平合併のガイドライン

合併後のH

ΔH＼合併後のH	0–1500	1500–2500	2500–
0–100	白	白	白
100–200	白	白	灰色
200–	白	灰色	黒

注：1982年版でHの区分は1500-2500でなく1000-1800，
　　増加分の区分は100-200でなく50-100と定められて
　　いたのを2010年版で緩和の方向に改訂した．
出所：US Department of Justice and Federal
　　　Trade Commission (2010) *Horizontal Merger
　　　Guidelines.*

また，本社機能をリストラする（規模は2倍に大きくなっても社長・役員や人事課・厚生課の人数は2倍にする必要はないし，本社ビルも1つは売却できる）ことによってコストを削減できる．しかし，上位企業同志の合併では市場シェアの大きな企業が一晩で誕生し，価格をつり上げることができるようになる．また，市場集中度がさらに上昇することで（ハーバード学派が主張するように）カルテルが結びやすくなったり，下位企業との差が広がると彼らの士気が落ち競争が活発でなくなるという弊害がある．このようにメリットとデメリットがあるので「合理の原則」で判断されてきた．

　司法省は合併に関してガイドラインを出してきた（1992年版以降は連邦取引委員会と合同で発表）．最初の1968年のものはC_Nを尺度とした市場集中度を用いて当時のハーバード学派の合併への強い懸念を反映したものである．シカゴ学派の影響の下で1982年に大幅に改定され，C_Nに代わってHが用いられるようになった．その後もガイドラインは1984年，1992年，2010年に改訂され，現在では合併後のHがどうなるか，合併によってHがどれだけ増えるか（ΔH）によって表4-2のような基準を設けている．表中で「白」は「問題がない」で，ほぼフリーパスである．「灰色」は「やや問題があり」，「黒」は「問題ありで審査の可能性」ということになる．ただ，「黒」でも禁止ではなく審査して認められれば合併できる．政権によって民主党ならば審査が厳しく，共和党ならば甘くなる．

　たとえば，上位7社のシェアがそれぞれ25，20，15，15，10，10，5％の市場があったとしよう．このときのHは $25^2 + 20^2 + 15^2 + 15^2 + 10^2 + 10^2 + 5^2 = 625 + 400 + 225 + 225 + 100 + 100 + 25 = 1700$ である．ここで4番目と5番目の企業が合併してシェア25％の企業ができたとすると，合併後のHは，$25^2 + 20^2 + 15^2 + 25^2 + 10^2 + 5^2 = 625 + 400 + 225 + 625 + 100 + 25 = 2000$ となり，Hの増加分（ΔH）は $2000 - 1700 = 300$ となり，合併後のHは中程度だが，Hの増加分が大きいので，「灰色」となり，フリーパスではないがおそらく問題にもならないと考えられる．

　ただ，ガイドラインの方針はHによって測定した市場シェアをかつてのように機械的に用いて訴追するのではなく，単なる市場支配力の目安として用いられ，さまざまな要因を考慮して合併は審査される．

　水平合併の規制で注意すべきことが市場の定義である．同じ産業に属しているようでも本当に競争しているのか，すなわち値上げをしたら顧客を奪われるかどうかである．コカコーラとペプシコーラは同じコーラ市場にいる．しかし，コカコーラが値上げをすれば消費者はペプシコーラに流れるだけでなく，ジュースなどの飲料にも流れるであろう．したがって，コカコーラはコーラ以外のジュースのメーカーとも競争しているかもしれない．

　航空機産業では1967年にマクダネルがダグラスを買収した．しかし，前者は軍用機メーカーで後者の主力は旅客機だったので同じ航空機メーカーといっても実は競合関係にはなかった．1997年のロッキード・マーチンがノースロップ・グラマンを買収しようとしたときには司法省が反対したため結局断念した．反対の理由は航空機をレーダーから捕捉されにくくするステルス技術はロッキードとノースロップだけが持っていて競合するので，合併によってこの分野での競争がなくなることが懸念された．

　市場の定義では地理的な範囲も重要である．たとえば，輸入品を含めるか否かで，その企業のシェアは変わってくるので，合併の是非にも影響が出る．また，国内でのシェアは高くなくても，実際に利用する消費者にとっては独占企業ということがおこる．航空会社は特定の空港を拠点（ハブ空港）にして路線を集中させているので，全米レベルではシェアは高くなくても，特定の空港で

のシェアは高く，旅行者にとってはその空港では特定の航空会社しか利用できず，価格をつり上げられているかもしれない．

　1997年のボーイングのマクダネル・ダグラスの買収によって，国内の大型旅客機メーカーは1社になってしまうのだが，連邦取引委員会は承認した．これは，グローバルな市場競争を考慮し，ヨーロッパのエアバスというボーイングのライバルが存在するので，国内企業では旅客機メーカーは1つになっても良いという考えによるものだといわれる．市場をグローバル市場として理解したわけである．しかし，政府の公式な見解によれば，反トラスト法は企業の国際競争力ではなく国内消費者の利益を考える．「合理の原則」の際も社会とは消費者の利益であり，消費者の支払う価格が上昇すると予想される合併は認められない．ボーイングの件もマクダネル・ダグラスの旅客機事業は衰退しもはやボーイングのライバルでないので，合併してもユーザーであるアメリカの航空会社さらにアメリカ人旅行者にマイナス面が生じないと考えられたので認めたのである．たとえば，マクダネル・ダグラスは航空会社に旅客機を新たに売り込む気がないので，すでに売った旅客機のメインテナンス料を値上げするかもしれない．航空会社は高価な旅客機を簡単に代えるわけにもいかずメインテナンスをしてもらわないと困る．ボーイングが買収すればボーイングはこれからも航空会社に旅客機を買ってもらいたいのでマクダネル・ダグラスの旅客機のメインテナンスを誠実に行うであろう．このことは航空会社，さらにアメリカ人利用者に恩恵をもたらせる．

(2)　垂直合併

　売手と買手が合併する理由はさまざまあるが，有力な理由が第5章でも説明する取引費用の節約である．品質の良い部品を遅延なく納品してもらうべく，優秀な部品メーカーと契約しなければならない．市場で部品を購入するためには取引相手を探して交渉し，さらにできあがった部品をチェックするなどの取引費用がかかる．

　また，部品メーカーは特定の組立メーカーにしか使えない部品の生産のために投資（関係特殊資産への投資）を行ってしまった後で，組立メーカーから突然

契約を切られると困る．関係特殊資産への投資を「人質」にとられている部品
メーカーは強気に交渉できない．このホールドアップ（人質）問題と呼ばれる
もののために，組立メーカーと部品メーカーの交渉は難航するので，特殊な部
品は組立メーカーが自分で作るか，技術がなければ部品メーカーを買収する．
これも垂直合併の要因である．

　部品メーカーと組立メーカーが垂直合併してしまうと両者の取引が企業内取
引になり市場から消えてしまうという市場閉鎖効果がある．部品メーカーは合
併した組立メーカーに優先的に部品を供給し，他の組立メーカーが不利になる．
逆に，組立メーカーは合併した部品メーカーからの部品調達を優先し他の部品
メーカーが不利になる．これらの点も，シカゴ学派は「独占利潤拡張不能理
論」によって否定してきた．たしかに，寡占的な部品メーカーが競争市場にあ
る組立メーカーの1つを合併しても，本当に合併によってコストが下がらない
限り，自動的に組立メーカーの市場を支配できるようになるわけでない．

　しかし，組立メーカーも部品メーカーも寡占の場合，たとえば部品メーカー
の数がさらに減れば残った部品メーカーの市場支配力が高まり部品の価格が上
昇する．これによって垂直合併を行った組立メーカーはライバルである他の組
立メーカーを不利な状況にさせることができる．これはポスト・シカゴ学派が
強調する「ライバルのコストを上げる行為（Raising Rival'sCost, RRC）」である．
ライバルを退出に追い込むまでしないが，相手のコストをあげることによって，
こちらが楽に利潤を増やせるのである．

　また，メーカーと販売店が合併することをどのメーカー・販売店も行ってし
まうとその市場に参入するためには工場だけでなく販売店にも投資しなければ
ならなくなり参入障壁になる．また，ユーザーはしばしば製品に不満を持った
ために自ら生産を行うようになる．ユーザーがメーカーを買収してしまうとユ
ーザーは参入する必要がなくなってしまう．参入する可能性がある潜在的参入
者の存在が高度な寡占市場であっても既存企業が価格をつり上げられない要因
となるので，垂直合併によって潜在的参入者がいなくなるのは競争を減殺する
ことになる．

　古典的なケースはデュポン事件（1957年）であり，デュポンによる GM の株

式所有（23％）が最高裁によって違法とみなされた．デュポンは自動車用塗料と繊維を GM に売っていたので，合併してしまい取引が市場から企業内取引になってしまうとデュポンの競争者に対して市場閉鎖効果をもつと判断されたからである．1984年のガイドラインでは垂直合併において，最も関連ある市場の H が1800を超えている場合は注視するとあるが，実際にはほとんど問題にされなくなった．

前述の航空機産業における合併のケースは垂直合併の面も含んでおり是正措置がとられた．たとえば，1994年のロッキードとマーチン・マリエッタの合併は認められたが，マーチン・マリエッタは航空機を作っていないが飛行制御システムを販売していた．そこで，顧客の航空機メーカーの情報を合併後にロッキードに流さないことが合併の条件となった．さらに両社とも人工衛星打ち上げロケットを製作し，ロッキードは人工衛星も作っていた．マーチン・マリエッタの顧客である人工衛星メーカーの情報がロッキードの人工衛星部門に流れないことも合併の条件になった．

さらに合併が断念させられたロッキード・マーチンとノースロップ・グラマンのケースでは，ノースロップ・グラマンは電子機器システムを販売していた．新生ロッキードが優先的に旧ノースロップ・グラマンのシステムを購入することは他のシステムメーカーには不公平になる．逆に新生ロッキードは自分のライバルである航空機メーカーに旧ノースロップ・グラマンのシステムを高く売りつけることでライバルのコストを引き上げることができる．これらの判断は民主党政権下であった．かつての競争よりも競争者の保護への回帰だと批判する向きもあるが，競争者を確保することが長期的には競争を維持できるという構造主義的な考えの一端が見られる．

(3) 混合合併

混合合併は多角化のために1960年代には活発に行われた．1967年に洗剤の大手の P ＆ G が漂白剤のトップメーカーであるクロロックスを買収しようとした時は連邦取引委員会が反対し最高裁も連邦取引委員会を支持した．P ＆ G のような巨大な企業がまったくの他分野であってもその上位企業を買収して経済

力をさらにつけることは広告宣伝支出を増加させることができ，寡占構造が強まる．また，Ｐ＆Ｇは漂白剤市場への潜在的競争者だったのに，合併すればそれが存在しなくなる．これらが理由であったが，1970年代になるとあまり懸念されなくなった．

　混合合併へのいま１つの懸念が，混合合併によってコングロメレイト（企業集団）ができることである．企業集団形成は前述の略奪的価格の資金源になる恐れがある．競合企業を駆逐するため低価格をつけると損失が生じるが，企業集団に属していれば資金援助してもらえる．これは "Deep Pocket" とか "Rich Parent" と呼ばれる．ただ，現在では略奪的価格そのものがそれほど深刻な弊害をもたらさないとも考えられている．また，企業集団同士の競争はいくつも市場で戦うことになるので，１つの市場で大勝すると他の市場で報復されるかもしれない．これを避けたいのでどの市場でも競争が緩やかになるという懸念がある．一方，さまざまな事業を抱えることはどれかの事業が不振でも他でカバーできるのでリスクの分散になる，と多角化を擁護する意見もある．しかし，1980年代に入り，多角化によってさまざまな事業に手を出すことは，無駄が多いとして企業戦略として重視されなくなってきた．

　企業集団同士の取引では，企業集団に属さない企業が取引に入れなくなるという互恵取引が問題になる．1965年の「コンソリデイテッドフーズ事件」では，食品販売業のコンソリデイテッドが乾燥にんにく・たまねぎのメーカーであるジェントリを買収した．ジェントリの製品は食品加工業者に売られ，食品販売業のコンソリデイテッドには販売されないので混合合併である．しかし，コンソリデイテッドは食品加工業者に対して，彼らの加工食品を買うという条件で，原料はジェントリから購入するよう求めた．これはジェントリの競争相手の食品原料メーカーを不利な立場にする．しかし，互恵取引の実際の競争阻害性には疑問もあり，これも今日ではあまり懸念されなくなった．

　３つの種類の合併の中では水平合併が一番，競争阻害性が大きく警戒が必要で，次が垂直合併で，一番，阻害性が小さいのが混合合併である．シカゴ学派の影響力が高まった1984年のガイドライン以降，水平合併以外の合併は弊害がほとんどないという立場になっている．1992年版から「水平合併ガイドライ

ン」となり，水平合併のみを扱っている．

(4) カルテルと企業間連携

　企業が申し合わせて価格をつり上げる，価格をつり上げるために生産量を抑えるのがカルテルである．カルテルはシャーマン法第1条で禁止されており，厳しく規制されている．寛容な反トラスト政策を主張するシカゴ学派もカルテルには厳しい．シカゴ学派は市場メカニズムを信頼しているが，カルテルは価格を動かさないので市場メカニズムを否定することになるからである．しかし，同時にシカゴ学派はカルテルは壊れやすいとも主張している．みんなが100円で売ると決めているときに90円で売れば顧客を獲得できる．しかし，これでは容易にばれてしまう．そこで，よくある裏切りは，生産量の抑制を約束しているときに，価格が高値になっている状況で，生産量を増やせばそれだけ利益を得るので，少しくらい増産してもばれないだろうと思い増産するものである．カルテルのメンバー全員が同じように考えて増産してしまい，値崩れが起きてしまう．このようにカルテルは裏切りによって崩壊するのである．

　これに対してポスト・シカゴ学派は「(無限回) 繰り返しゲーム理論」を発展させ，裏切り者は報復を受けるので長期的に取引が行われる市場では裏切りを自重し協調行動を取るので，カルテルは安定していると反論している．

　シャーマン法制定後すぐにカルテルに対する「当然違法」が確立した．その後，1920年代から30年代半ばには，「合理の原則」に近い判断がなされたことがあり，またニューディール政策の初期にはデフレ対策として政府が主導でカルテル形成による価格競争抑制を図った．しかし，第2章で述べたように1935年に全国産業復興法に違憲判決が出て以来，ニューディール政策は厳しい反トラスト政策に転換し，判例でもガソリン業界における1940年の「スコーニバキューム事件」でカルテルの当然違法が再確認された．

　1961年の「GE事件」は，GEやウェスティングハウスなど重電企業による第2章で述べたテネシー峡谷開発公社での発電機での入札談合である．市場シェアが維持できるように交代で勝つように申し合わせていた．彼らは用心深く，郵便は会社の封筒は使わず，自宅宛に送り，電話は公衆電話からで，会社名は

別名で呼び，自分達はファーストネームで呼びあい，郊外のレストランで会っていた．しかし，ある社員が自分の部下の訓練の資料用に議事録をつけていたが，それが政府に押収された．7人の被告が収監され20人に執行猶予付きの有罪判決が下った．シャーマン法違反で企業の役員が収監された初めてのケースとなった．さらに，政府に対しての200万ドルの罰金と，高い発電機を買わされていたということで1900社から私訴を起こされ合計で4億ドルの損害賠償金の支払いとなった．

　価格・数量カルテルのような「露骨な（Naked）カルテル」はメリットがほとんどないので「当然違法」であることに問題はないが，企業間の連携すべてが当然違法になることには疑問も呈されるようになった．1979年の「BMI事件」では，音楽家の著作権を一括して放送局にライセンスしてライセンス料を徴収し音楽家に分配するシステムが，（テレビ局が個別に作曲家と交渉する余地を残しておいたせいもあるが）取引費用の節約になると評価され，「合理の原則」によって適法と認められた．また，1984年の「NCAA事件」では全米大学体育協会（NCAA）が大学のアメリカンフットボールのテレビ放映回数を規制していたことに対して，強豪のオクラホマ大学がカルテルだとして訴えた．最高裁はNCAAのテレビ放映の収入が偏在することは戦力の不均衡につながるためという言い分を聞いた上でNCAA敗訴とした．すなわち被告敗訴ながら判決理由では「合理の原則」が用いられたのである．

　産業界も議会に共同研究開発を露骨なカルテルとは別個に規制することを陳情した．企業間の共同研究開発は研究資金を分担したり，知識を出しあったり，研究開発努力の重複を防ぐなどしてイノベーションを促進する．イノベーションのペースが速まり研究開発コストの負担も大きくなってきたので1980年代になるとアメリカのハイテク産業は企業間連携に関心を持つようになった．政府は共同研究開発を取り締まったことはなかったが，アメリカでは前述のように企業が企業を訴える私訴が活発である．A社とB社とが共同研究開発を行った場合，それに参加しなかったC社は共同研究開発の存在を知らなかったのかもしれないし，知っていたが加わろうと思わなかったのかもしれない．しかし，A社とB社の共同研究開発が成功して新製品を出せば，C社は売上が落

ちるので,「A社とB社は本来,研究開発で競争すべきところを共謀し,その結果,損害を被った」として訴えを起こす.研究開発のカルテルとみなされれば「当然違法」となってしまい,イノベーションの促進というプラス面は考慮されずに違法判断が下される可能性があるので,A社とB社としては共同研究開発を始めることに躊躇せざるを得なかった.

実際には,企業間連携は参加企業が多い場合もあるが,期間と目的を限定した協力なので,合併よりも競争阻害性が小さくなる可能性が高い.にもかかわらず,企業間連携を「当然違法」で,合併を「合理の原則」で判断するというのは問題がある.1899年の「アディストンパイプ事件」では,中西部と西部で合わせて3分の2を占有する製鉄会社6社の価格カルテルが当然違法となった.しかし,判決後に被告企業が合併した際には,合併は連携よりも強固な結合にもかかわらず政府は問題にしなかった.また,1972年の「トプコ事件」では大企業に対抗するために中小企業が市場分割(販売担当地域の割り当て)を行ったことはむしろ競争を促進するかもしれないが,企業間の取り決めであったので「当然違法」として取り締まわれた.「当然違法」の原則で理由を聞かれずに違法と判断されることは脅威であった.

そこで,議会は1984年に国家共同研究法を成立させ共同研究開発は露骨なカルテルでないので「合理の原則」で判断することにした.このアプローチは1993年に共同生産にも拡大された.さらに,2000年にもガイドラインが出されてイノベーションを目指した企業間連携はカルテルとはみなされないことが再確認された.

4.垂直的取引制限

垂直的取引制限とは,メーカーが直営子会社ではない販売店と特別な販売方法の取り決めを行うものである.契約として明記されていないものもあるので垂直的取引慣行とも呼ばれる.

(1)　再販売価格維持

　メーカーは小売店に卸売りしている．小売店が消費者に販売するのはメーカーから見れば再販売にあたる．再販売価格維持とはメーカーが小売価格を指定することである．再販売価格維持はこれ以上，安く売るなという最低価格の指定が多い．安売り競争を行わせないので違法性が高い．さらに，小売価格を指定することでメーカー間のカルテルや小売業者間のカルテルを助長する．一方，価格競争を抑制することで非価格競争が促進される．とくに，販売促進活動を行った場合，消費者は販売促進活動をしている店に行って説明だけを聞いてそこでは購入せずディスカウントショップに行く．そこではショーウィンドウもなく顧客への商品の説明や売り込みなどを行わないので，販売価格が安い．このようなことが続くと販売促進活動をしてくれる小売店がなくなってしまい，これはメーカーにとって困るので，再販売価格維持をするのである．シカゴ学派はこのディスカウントショップによる，販売促進活動の「ただ乗り」の防止を再販売価格維持の正当化の理由として強く主張する．

　1911年の医薬品の価格をめぐる「ドクターマイルズ事件」で再販売価格維持に対する「当然違法」が確立した．しかし，1930年代には公正取引法が州法として制定され，再販売価格維持が認められた州もあった．そして，1937年のミラー・タイディング法がシャーマン法を，1952年のマクガイア法が連邦取引委員会法をそれぞれ改正し，州法上適用除外になっている再販売価格維持は連邦政府も免責することになった．しかし，1975年の消費者製品価格法でこの2法は廃止され，「当然違法」が確定した．

　シカゴ学派の影響力が強まる中，2007年，皮革製品の安売りをめぐる「リージン事件」によって最高裁は再販売価格維持に「合理の原則」を適用した．この判決に対しては本当に販売促進活動が必要な財でなくても再販売価格維持が行われるようになる，「ただ乗り」があっても販売促進運動は行われてきた，という批判がある．それに対しての反論としてはさらに，ネット販売が頻繁な時代では，ショーウィンドウで実物を見られるだけでも消費者にとってはありがたく，ネット販売業者は「ただ乗り」していることが指摘される．また，再販売価格維持があることがショーウィンドウでの陳列を可能にするのならば，

消費者にとっても利便性がある.

　一方,「これ以上は高く売るな」という最高再販売価格維持もある. 独占的地域にある小売店が高値で売ろうとするのを, 大衆的というブランドイメージを維持したいメーカーが規制する場合などである. これは消費者にとって便益がありそうだが, 1968年に新聞の販売価格の上限についての「オルブレクト事件」で「当然違法」となり, 1997年にガソリン価格についての「スティトオイル事件」で「合理の原則」になった. 上限価格を定めることへは, 低すぎる上限価格が定められるとかえって小売業が適切なサービスを提供できなくなるという批判があるが, メーカーはサービスの提供を望むので低すぎる上限価格を定めることは起こりにくいとの反論もある. 上限価格があるとコストの高い小売業者が淘汰され小売の寡占が高度化する恐れもあるが, 小売店の数は減っても効率的なものが残っていれば消費者にはプラスになるということから, 現在, 再販売価格上限維持は「当然違法」で判断されなくなっている.

(2)　テリトリー制

　テリトリー制とは, メーカーが各販売店に担当地域を割り当てることである. これも (とくにブランドに対する) 販売促進活動を促す. また広告には「規模の経済性」(チラシ・ポスターの原版を作るのはコストがかかるが印刷費は安い) が働くので規模の大きな販売地域を対象に行った方がコストが下がる (よって販売価格も下がる). さらに, 販売地域を割り当て, ある程度の利益を保証することで優秀な人材が販売店契約に応募してくる. 面接する側は応募者の能力・やる気を完全には把握できないが, 応募者本人はわかっている. 有能な人はよほど失業期間が長くなっていない限り, 自分にふさわしくない賃金の安い仕事には応募しない. 賃金の安い仕事に応募してくるのは能力・やる気に乏しい人である. 有能な人物をひきつけるには高い賃金を提示しなければならないので, テリトリー制は正当化できる. これに対して当然ながらテリトリー内での同じブランド内での競争がなくなることへの懸念もある. 小売店の数が限定されると小売店同士さらにはメーカー間のカルテルを助長する懸念がある.

　テリトリー制に対しては1963年の自動車での「ホワイトモーター事件」では

「合理の原則」が用いられたが，1967年に自転車に関する「シュウィン事件」で「当然違法」となった．この判決は学者の間では評価されていなかったが，1977年の「シルベニア事件」で弱小テレビメーカーのシルベニアが販売促進活動を促すために行ったテリトリー制度に関して再び「合理の原則」に戻った．

(3) 専売制（排他的特約店契約）

メーカーが小売店に対して自社製品だけを扱うように求めた契約である．1つのブランドだけ扱ったほうが経費は節減できる．消費者へのアフターサービスも充実させられる．ブランドを熱心に宣伝してくれるしメーカーの宣伝効果も高まる．もし専売制がない場合，メーカーの宣伝で小売店に行った消費者が目移りして別のメーカーの製品を買ってしまえば，メーカーの宣伝効果は落ちてしまう．これらの正当化の理由に対しては次のような反論がある，メーカーから契約を切られると困る小売店が実質的にメーカーに支配される（ホールドアップ問題と同じ）．消費者が1カ所で異なるブランドを比較することができなくなる．大手メーカーが多くの小売店と専売契約を結んでしまうと弱小メーカーや新規参入企業が小売店を見つけられず不利になる．メーカーと販売店との垂直合併のように参入障壁とみなされる．

1970年代以降，市場シェアが20％を越えていない企業が行う専売制については，他の要素を考慮することなく違法性を認めない傾向がある．2005年の「デンツプライ事件」はシェアが75-80％の義歯メーカーによる専売制だったので違法と判断された（2006年に最高裁が控訴棄却で判決確定）．

垂直的取引制限は販売促進活動を促しブランド間の競争を促進するが，ブランド内の競争は阻害する．この両者のバランスが「合理の原則」で比較衡量される．ただ，シカゴ学派は前者のみを強調する傾向がある．1980年代末から90年代初めのブッシュ（父）政権時代は，シカゴ学派の影響で垂直的取引制限はきわめて寛容に扱われていた．しかし，アメリカはダブルスタンダードを採って，日本に対しては垂直的取引慣行を厳しく監視するよう求めた．日本の（とくに自動車の）流通制度が参入障壁になっていると判断したためである．

◆コラム◆
反トラスト法の域外適用

　先進国の競争法は外国で行われた反競争的行為（とくにカルテル）も自国の消費者に悪影響を及ぼすのならば取り締まりできるという，「域外適用」という制度を設けている．

　アメリカは，20世紀初めは外国での行為に反トラスト法を適用しないという「属地主義」であった．その後，アメリカ国内で影響を与えるのならば適用すべきという「効果理論」が強まり，1945年の「アルコア判決」（連邦第2巡回区裁判所という高等裁判所のレベル）で明示された．その後，1970年代にはやはり巡回区裁判所の判断で，効果理論を安易に用いるのでなく外国での行為はどの国が管轄すればよいのかを考慮すべきという「国際礼譲の原則」が示された．そして，1993年の「ハートフォード火災保険会社事件」ではイギリスで結ばれた保険会社間の協定がアメリカにも影響があるとして反トラスト法を適用した．最高裁として初めて「アルコア事件」の「効果理論」を支持した．そして，アメリカの反トラスト法を適用するか否かについては「国際礼譲の原則」を考慮しなかった．これより先，1982年に外国取引反トラスト改善法が制定され域外適用が明確化されていた．現在では，カルテルは国内では「当然違法」だが，外国で結ばれたカルテルは「当然違法」ではなく，アメリカ国内への影響が直接的，実質的，合理的に予見可能な場合にのみアメリカの裁判所が管轄するという方針である．これは「当然違法プラス」と呼ばれ，「当然違法」よりはハードルを高くしているが，「合理の原則」よりは容易に有罪を主張できる．

　したがって，読者の学生諸君が日本の企業に就職した場合でも，アメリカの子会社でカルテルに関わればもちろんアメリカで訴追されるが，日本で勤務していてもカルテルに関わった製品がアメリカに輸出されているのならば，アメリカで反トラスト法違反に問われるかもしれない．罰金だけでなく懲役刑の可能性もある．

　実際，1999年の「ファックス・ペーパー事件」は日本でのファックス用紙のカルテルだがアメリカで使用されていたため，日本の企業と個人がアメリカ側から訴えられた．裁判を続ければ負けはしなかったともいわれるが，罰金を払うことで司法取引している．2005年には「味の素・協和発酵等事件」と「戸田工業事件」があり，前者はグルタミン酸ナトリウムのカルテル，後者はオーディオ・ビデオのテープの原料での共謀であり，いずれも原告の請求棄却に終わった．

　古くは日本のテレビメーカーが共謀してアメリカに安売りをかけたこと（貿易用語での「ダンピング」）が，アメリカのメーカーを駆逐しようとしたとして問題になったが，略奪的価格のうち，損失の回収を行えたという証拠が不充分だったので無罪になった．安いテレビが輸入されているだけならばアメリカの消費者が恩恵を受けるので問題ないのである．

第5章
企業システムと産業構造

1. アメリカの企業システム

⑴ アメリカ産業技術の特色

　第1章で述べたようにハミルトンらフェデラリストが主張した連邦政府による製造業振興策は行われなかった。州政府が州内の産業を振興することは行われたが，連邦政府の産業振興は間接的で，技術進歩の担い手は民間であった。

　アメリカの技術の特色は労働節約型・資源浪費型であった。土地や森林資源は浪費してもかまわなかった。たとえばアメリカの薪ストーブはイギリスのものに比べると長い木材を使えるようになっていた。短い薪を燃やすほうが効率は良いのだが，薪を短く切る過程を省きたかったのである。また，アメリカでは製鉄業に豊富な木材から廉価に作られる木炭を使用し続け，1840年代にペンシルバニア東部で無煙炭が発見されるまで石炭（コークス）への移行が遅かった。ただ，これは与えられた条件の下で企業家が合理的な判断をした結果でもある。一方，アメリカで多用された木製の機械は金属製に比べて耐久性に劣るが，その分，次々更新されることによって最新技術の機械が利用された。

　広大な土地に移民が暮らしていたので労働力は不足していた。そのため，労働節約型の技術が導入された（資本も不足していたが，ヨーロッパからの投資があった）。アメリカでは刈り取り機を始めとする農機具のマコーミック（現在は合併を経てインターナショナルハーベスタ）と縫製を省力化するミシンでのシンガーが世界的企業となった。

　建国当時の移民は生活品を購入することが難しく，多くを自分で作らないと

暮らせないので手先が器用な人が多かった．しかし，1840年代以降は熟練労働者が不足してきた．さらにイギリス系・ドイツ系の当初の移民（旧移民）に代わって19世紀後半に急増する東欧・南欧からの新移民は非熟練工であった．そのため生産方法もアメリカ独特のものが生まれた．それは部品を精密に作って工場では非熟練工が簡単に組み立てるような互換性部品による大量生産方式であった．その部品もさまざまな部品を作れる汎用機械を使って作るのでなく，その部品だけを作る専用機械で作られる．すなわち，貴重な熟練工はその専用機械の設計・生産に向けられるのである．

　この互換性部品システムは実はライフル銃の製造についてのフランス軍のアイディアだった．駐仏公使のジェファーソンがアメリカのノックス（Henry Knox）陸軍長官に手紙で知らせている（ジェファーソンは連邦政府による産業振興策に反対だったが，自身に発明の才があり製造業振興のために，当時イギリスからの輸出が禁止されていた紡績機の密輸にも関与しようとした）．また，独立戦争中にアメリカ軍に従軍して，のちに移住もするフランス人将校のトゥサール（Louis de Tousard）少佐もアメリカに紹介した．フランスではフランス大革命によってこのアイディアの開発は中断してしまうが，アメリカで開花した．

　ライフル銃は戦場で一部分だけ損傷することが多い．その度に銃を廃棄していては無駄なので損傷した部分だけを取り替えたかった．アメリカ軍は1812年の対英戦争でそのことを痛感していた．一部分のみ取り替えるためには，どの部品も設計された寸法どおり製造されて，部品同士がきちんと接合しなければならない．そして，この方式は工場現場での熟練を不要とする．熟練工が多ければ部品は大まかに作っておいて，組み立て現場で熟練工が削ったり調整したりして組み立てればよいが，アメリカではそのようなプロセスは難しかった．

　アメリカ軍部は民間企業に互換性部品によるライフル銃生産を依頼した．綿繰り機の発明者のホイットニーも1万挺を受注した．しかし，結局，民間企業ではうまくいかず，ハーバース・フェリーとスプリング・フィールドという2つの工廠（政府直営軍需工場）で1840年代初めにようやく完成した．1853年のニューヨークでの万国博覧会でアメリカの産業技術力が世界から注目された．イギリスから視察団が訪れスプリング・フィールド工廠で1844年から53年まで作

られた10挺の銃を分解し，異なる年に作られた部品を取り上げて組み立てると
銃が再現できた．イギリス人は精巧な部品を製造できる技術力に驚き互換性部
品による生産方式を「アメリカン・システム」と名づけた．この技術が19世紀
後半に民間に伝播していった．冶金・機械工学の進歩が伴って初めて成功する
のだが，「アメリカン・システム」は発想から１世紀かかかって普及していっ
たのである．

(2)　垂直統合型大企業の誕生

　19世紀に入り動力源が水力から蒸気に代わることで，川がない場所でも工場
が設立できるので立地条件の制約がなくなり，大量生産のメリットも大きくな
り大規模な工場が成立した．これはヨーロッパで起こったことと同様である．
さらに，アメリカに加わった要因が交通・通信機関の発達により国内市場が統
一されたことである．とくに鉄道は物流のスピードを増した．大きな国内市場
ができたことで企業は大量生産したものを売りさばくことができるようになっ
たので大量生産技術のポテンシャルを活せるようになり企業規模が拡大した．

　さらに注目すべきことは単に大量生産するだけでなく，原材料・部品の生産
から組立・加工さらに販売まで行う垂直統合型企業が生まれたことである．大
量に生産するようになると原材料が時間通り納品され，生産されたものが販売
努力によってさばけないと無駄が多い．アメリカでは市場は大きくなっていた
のだが，原材料の調達や製品の販売のためのネットワークが洗練されていなか
ったのでメーカー自身が行うようになったのである．

　企業の活動範囲，どこまで自分でやるか，を決める重要な要因が取引費用で
ある．市場で財・サービスを調達するには，その対価だけでなく取引費用がか
かる．これは取引相手を探し交渉する費用である．複雑な部品，純度の高い原
料の納品をめぐる契約には時間がかかり，役員が交渉に当たるのならば彼らが
費やした時間を時給換算しても大きなものになる．さらにその時間，役員が別
の活動をしていれば儲かったかもしれない利益を犠牲にしているので機会費用
という意味でも取引費用は大きくなる．これを節約する方法が垂直統合である
ことは第４章でも述べた．

　製鉄では同業者同士が合併するだけでなく，大手企業は鉄鉱石の鉱山やそれを運ぶ鉄道会社も所有するべく後方垂直的（川上方向）にも統合した．一方，シンガーや農機具マコーミックなどの大企業は大量生産した製品を売りさばくための販売促進努力をしてくれる販売店が見つからなければ，自ら販売店網を組織し前方垂直的（川下方向）に統合した．両社に限らず成功した大企業は技術革新とともに販売・マーケティングを重視していた．

　食肉のスイフトは冷蔵車両を発明して成功した．1881年に屋根の下に氷を詰め込み対流で車内を低温に保つ冷蔵車を導入した．しかし，何日あるいは何週間も前に精肉した肉の安全性に不安をもつ東部の大都会の精肉店に取引してもらうための売り込み努力をして成功した．

　コンピュータのIBMの強みも優秀な営業マンの存在であった．IBMを発展させたワトソン（Thomas Watson, Sr.）はもともとミシンのセールスマン出身で販売の重要性を認識していた．第2次世界大戦後に電子化されたコンピュータでは出遅れるが，セールスマンが優秀だったのですぐに1位になった．ライバルのユニバックの営業マンは製品の優秀さを専門用語を使って強調するだけだったが，IBMのセールスマンはユーザーにどのようなメリットがあるかを的確に説明できた[1]．

　垂直統合と互換性生産の頂点がフォード生産方式である．フォードは1908年にT型車の生産を開始し，1914年にハイランドパーク工場を開設した．ここでベルトコンベアによる流れ作業が行われた．それまでは工具が部品を車体に持ってきて取り付けていったが，この工場では車体がベルトコンベアに乗って移動し，工具は動かず自分の前に来た車体に担当の部品を取り付けていく．部品は標準化されており組立現場での熟練は最小限に抑えられる．ベルトコンベアによる流れ作業は家畜の解体作業がヒントになっていた．そこではつりさげられた牛の肉塊が移動し，作業員は自分の担当する部位を切り取っていたのである．さらに1927年に完成したリバー・ルージュ工場は，7万5000人が働き，溶鉱炉までもった一貫工場であった．フォードは鉄鉱石鉱山やゴム農園も所有し，原料も自力で調達していた．

　非熟練工の勤務を評価するためテイラー（Frederic Taylor）が科学的管理法

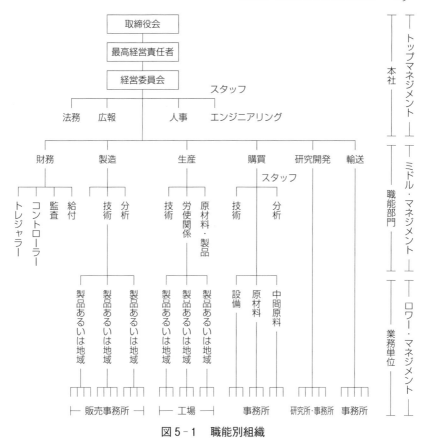

図 5-1　職能別組織

出所：チャンドラー，A. D.（安部悦生他訳）（1993）『スケールアンドスコープ』有斐閣，12頁をもとに筆者作成.

を考案した．労働者の無駄な動きを省いて生産性を高めるものだが，労働者の動きを実際に観察することで改善につながった．この点，生産性向上のヒントは観念的なものではなく生産経験を積む中で見出された．累積生産量が多くなるにつれて平均費用が減少することを「学習（経験）効果」と呼ぶが，労働者が同じ作業を繰り返すことで仕事に慣れてくるのと経営陣が工具や部品の配置を工夫するという 2 つの点で生産経験を積む中で可能になる．1970 年代初めに航空機メーカーのボーイングは大型旅客機 B747 の生産において労働者の動き

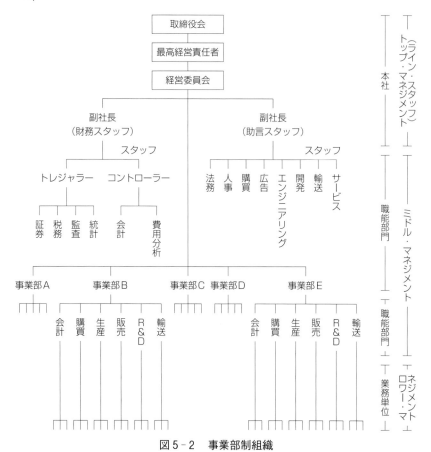

図5-2　事業部制組織

出所：チャンドラー，A.D.（安部悦生他訳）（1993）『スケールアンドスコープ』有斐閣，31頁をもとに筆者作成.

を観察し工具や部品の配置を工夫することによって生産性を向上させた.

　規模の経済性や学習効果に対して，企業規模が大きくなることは企業運営のコスト増加につながる．企業規模が小さい時は図5-1が示すように，企業組織は研究開発，購買，生産，販売など機能別の事業部に分かれていた．それが，図5-2が示すように製品別の事業部や地域別の事業部に分かれるようになった．各事業部は研究開発，購買，生産，販売をカバーし，あたかも1つの企業のように行動する．事業部制の先駆はジェネラルモーターズ（GM）とデュポ

ンである．前者は合併によって大きくなったのでまとまりを求めて事業部制を
敷いた．後者は火薬で始まった事業が多角化する中で事業部制が導入された．
GM は事業部に自律性を持たせることで多様なモデルを市場に投入しモデルチ
ェンジも頻繁に行い，フォードのモデル T に飽きた消費者を獲得した．事業
部制が導入されていたおかげで，第 2 次世界大戦後のアメリカ大企業の多角化
も容易に行われた．地域別事業部を国際展開することによって多国籍企業化に
もつながった．

2．モノづくりの盛衰

(1)　製造業の苦境

　アメリカの製造業は第 2 次世界大戦後に繁栄を極めた．その一方で，労使関
係の硬直化が見られるようになった．巨大な勢力となった労働組合は組合員で
ある現場の労働者の利益を顧客のそれに優先した．先任権（レイオフや職場復帰
は勤務年数の長い者が優遇される）が導入されるとともに，労働者の評価にはえ
こひいきが入りやすいので，同一職務には同一賃金が支払われるようになった．
能力主義という印象のあるアメリカで労働者の評価がなされず横並びの賃金体
系が導入されていたのである．

　また，製品設計は大卒，大学院卒のエンジニアが行い，現場の工員（多くは
高卒）は生産に従事するという分業が確立された．これは労使双方にとって楽
であったが，このようなモノづくりでは競争力は獲得できない．エンジニアが
現場の実力を考慮せずに製品設計を行えば，現場は実行できず不良品が積み重
なることになる．さらに工員が勉強して生産過程や設計に提言をすることも禁
じられてきた．現場の工員が自らの資質を向上させる誘因が失われた．ようや
く1980年代以降，新車の開発においてはチームが結成され製品設計，生産技術，
マーケティング・販売という部署から集められた人材が開発，モデルチェンジ
を担当するようになった．

(2) 工学教育

　欧米では大学というのは教養，または真理を追究する学問を修めるところであって，実学を学ぶところではないと考えられていた．しかし，アメリカは1862年のモリル法によって国有地を州政府に払い下げそれによって農学・工学を教育することが求められた．こうして州立大学が拡充した[2)]．ただ，19世紀後半はようやく公立の中学校が建設されていた時代なので，州立大学には学生が集まらず，州立大学が軌道に乗るのは州政府が本格的に運営予算を組むようになった20世紀になってからである．ヨーロッパの大学では科学の方が工学より上に見られる傾向があり，工学は工科専門大学で教えられていた．理学部の中では化学科のみが実用性を持っていた．アメリカにも単科の工科大学は設立されたが，モリル法は農学・工学を教えれば他は何を教えてもよかったので，州立大学が農工大学から総合大学になっていった．この点，1886年に設立された日本の帝国大学（東京大学）ははじめから工学部を持った総合大学という点では先駆的であった．アメリカは徒弟奉公でなく大学でエンジニアを養成するようになったのだが，アメリカの大学でも科学へのコンプレックスは払拭しきれず，工学部の中には応用科学（Applied Science）とか工学科学（Engineering Science）と名乗るところもあった．

　工学部教員の間では実習重視派と科学教育重視派との路線対立があったが，第2次世界大戦中に理論に強い物理学者が軍事技術の開発に大いに貢献したことに工学部教員はショックを受けた．そのうちの1人がのちに「シリコンバレーの父」と呼ばれるようになる，スタンフォード大学のターマン（Frederic Terman）教授であった．

　大戦中にレーダーの開発を行ったマサチューセッツ工科大学の放射線研究所（研究をカモフラージュするためテーマと関係ない名称になっていた）での物理学に基礎を置いた電子工学研究の記録が1947年から48年にかけて発行され，同大学のブラウン（Gordon Brown）工学部長が講義，実験，試験を通して科学理論に基づく工学教育手法を導入し，それが有力大学の間に広まった．さらに，アメリカ工学教育協会も1955年に報告書を出して実習より科学理論を重視した工学教育を提唱したが，これは会員（工学部教員）の支持を集めたからである．

　アメリカの製造業の国際競争力の低下が問題視された1980年代には，理論重視の工学教育の中心であったマサチューセッツ工科大学でも理論偏重への危惧が示され，問題解決能力の養成が再び議論された．しかし，基礎的な数学・自然科学の学力を軽視することもできない．工学に限らず実学的知識は陳腐化も速いので，生涯勉強していくことが必要となり，大学（とくに学部レベル）ではそのための基礎学力と知的好奇心を養うことが必要である．

　工学は単なる応用科学ではなく，科学と工学は相互に依存しながらも独自のルートで進歩していく．しかし，科学的知識は工学の進歩を促進する．モノづくりではしばしばエンジニアは最初に設計した製品（技術）を試行錯誤のプロセスで目標の性能まで高めていく．工学における科学的知識の役割というのは，設計の時点で初期値をゴールに近い所に位置できるようにすることである．1990年代のアメリカの半導体産業の復活は科学的知識を導入して現場の経験知に頼る日本を凌駕しようとしたためであった．実際，日本の半導体デバイス・同製造装置メーカーは大学の知識を取り入れることで後手に回っていた．

(3)　産業政策論争

　アメリカでは建国時にハミルトンの製造業振興政策が否定されて以降，州政府が州内の産業を振興することはあっても連邦政府が特定の産業を振興することは行ってこなかった．第3章で述べたサミュエルソンの「新古典派総合」では，どの産業，企業が成長したり衰退したりするのかは市場での競争に任せる自由放任主義がミクロ経済政策の基本であった．ケインジアンに反対しマクロ経済政策でも自由放任主義を唱える反ケインズ派経済学があることは第3章で述べたが，ミクロ経済政策においても自由放任主義でなく政府の介入を主張する異端の立場である「産業政策論」支持派がいる．彼らは産業構造の変化を市場競争から生まれる自然のプロセスに任せるのではなく特定の産業は政府が育成すべきと考える．

　産業政策支持派は完全競争の前提は現実の社会では満たされていないので，市場メカニズムが社会にとって最適な状態には結びつかない「市場の失敗」が存在すると考える．完全競争ではその存在が仮定されていないことに「スピル

オーバー効果（プラスの外部性）」がある．これはある企業の研究開発努力が他企業を助けてしまうことである．たとえば，ある製鉄会社が優れた合金の研究開発に成功したとする．当該製鉄会社の売上げは伸びるが，その合金のユーザーである自動車メーカー，建設会社，さらに最終消費者が得る利益すべてを製鉄会社が回収できるわけでなく，社会的収益率が私的収益率を上回る（これは第5章で述べた第1種価格差別が実行できないからである）．当該企業は私的収益率をもとに研究開発投資の判断を行うので社会的収益率の高いプロジェクトでも躊躇することになる．そのような場合には政府が補助金を出すべきである．プラスの外部性は，成果が特許で保護されにくい基礎研究では生じやすいと考えられてきた．産業政策支持派は外部性は製品化に近い段階でも起きており，研究開発投資の阻害要因であると考えている．

　1980年代初めと90年代初めにアメリカの国際競争力に陰りが見えた時には産業政策論争が起きた．当時は日本経済が好調で，日本の産業競争力は通商産業省（現，経済産業省）による産業政策の賜物であるのでアメリカも産業政策を行うべきだ，という意見が出てきた．しかし，産業政策ではどの産業が将来有望になるのかを特定する "Picking Winners" を，政府・官僚の方が市場よりも的確に行えるという前提に立っており，これには反対論が根強い．たしかに上述のような市場の失敗はあるが，政府が介入すれば事態はかえって悪化するかもしれない．第1に政治家・官僚がどんなに優秀であっても複雑な先進国経済で将来有望な産業を言い当てることは難しい．バイオテクノロジー・情報技術・新素材が有望という大まかなことは誰でもわかるが，具体的にどのような分野が有望かは予想できない．この答えは市場での競争の中で見つかるのである．市場の個々の参加者は必ずしも優秀でなくても，彼らは失敗すれば自分の懐が痛む状況で判断を行う．このような判断の方がベクトルの向きとしては適切であることが多い．第2に政治家・官僚は国家・社会のためでなく自らの利益（政治家ならば再選，官僚ならば昇進）のために "Picking Winners" の判断を行うかもしれない．自分の選挙区にある産業や自分が担当している産業には，有望とは思っていなくても補助金を与える．産業政策は主流派経済学者の支持が得られず，共和党の反対もあって議論はされたがほとんど実行されなかった．

1992年の大統領選挙では民主党のクリントンは副大統領候補に産業政策支持派のゴア（Albert Gore）上院議員を選び，産業競争力を論点にして勝利した．しかし，第 3 章でも述べたように1994年の中間選挙で共和党が議会両院で多数を占めてからはハイテク産業政策はほとんど行うことができなくなった．それでもアメリカの景気は回復したのである．しかし，アメリカ政府は1980年代の共和党政権下でも自動車や半導体において貿易交渉を行い，日本からの洪水のような輸出を抑制したり，日本によるアメリカ製品の輸入を促進した．とくに半導体においては日本の設備投資意欲をそぐとともにアメリカ企業に復活の猶予を与えたので，間接的な産業政策は有効に行われてきた．

(4)　アメリカ産業の復活とモジュール化

　1990年代にアメリカのエレクトロニクス産業が復活したのは製品設計思想や競争の形態で変化したためである．1980年代までのエレクトロニクス産業では，日本の大手企業のように重電（タービンなど），家電，大型（汎用）コンピュータ，パソコン，半導体，ソフトウエアを生産する垂直統合型企業が強いといわれていた．図 5-3 では企業 1 や企業 2 がそれぞれ事業 I から事業 V までをカバーすることで強みを持っていた．アメリカの半導体メーカーは半導体専業であり内部使用がなく財務的に脆弱であった．日本の半導体メーカーは大手企業の一事業部であり，実際に社内の事業部間の資金面の相互補助がどの程度行われたかは明らかでないが，重電や家電で得た利益が半導体事業部の設備投資を可能にし，コンピュータ・家電事業部が新世代の半導体を使ってくれることが，半導体事業部が生産経験を積み品質を向上させることに役立った．

　しかし，1990年代になってアメリカのエレクトロニクス産業ではモジュール化が進んだ．モジュール化とは，要素技術が孤立して 1 つのモジュールを形成することであり，1 つのモジュールの性能を向上すればシステム全体を再設計しなくてもそのモジュールが対応する特定の性能は向上する．モジュール同士の結合の仕方は設計者には事前に分かっている．パソコンを思い浮かべて頂きたい．異なるメーカーのメモリ，マイクロプロセッサ，ディスプレイ，プリンタをつないで 1 つの製品として利用できる．

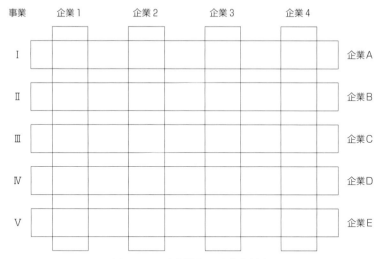

図5-3　垂直統合と垂直非統合

出所：筆者作成.

　モジュール化が進めば，システム全体の設計をしなくてよいので，大学院を出たばかりの起業家も特定分野での知識を活かして天下をとることができる．日本企業は依然としてさまざまな事業に関与しながら，その中のどの分野でも世界市場でシェアをとれなくなり苦しくなった．アメリカでは GE が重電，IBM は大型コンピュータとソリューションビジネス（コンサルティング），インテルが半導体（それもメモリは放棄してマイクロプロセッサに特化），マイクロソフトがソフトウェア，（近年，苦境ではあるが）デルがパソコンのインターネット販売で世界市場を制している．図5-3では，企業 A，企業 B，企業 C がそれぞれ事業 I，事業 II，事業 III で天下を取るのである．

　エレクトロニクス産業がモジュール化したのに対して，自動車では「すり合わせ型」の設計思想が維持されている．「乗り心地」を劇的に改善する単一の部品はなく，タイヤ，サスペンション，エンジンの振動，シート，高速走行時での小さな空気抵抗などさまざまな要素が組み合わさって可能になる．日本企業はアメリカ企業よりも設計思想としての「すり合わせ」に優れているので，自動車産業では日本企業が優位になっている[3]．

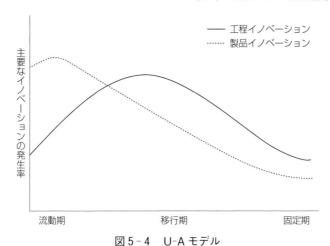

図5-4　U-A モデル

出所：アッターバック，J. M.（大津正和・小川進監訳）(1998)『イノベーション・ダイナミクス』有斐閣，7頁より筆者作成．

(5)　サービス産業化

　国民の所得が増加すると国の産業構造は第1次産業（農林水産業）から第2次産業（鉱工業），第3次産業（サービス産業）に変化する．これは「クラークの法則」と呼ばれる経験則だが需要・供給双方の要因も存在する．飢餓段階を脱すれば所得が2倍になっても食物へ需要が2倍になることはない．繊維・アパレル製品，電化製品，自動車などへの需要が増える．さらに所得が増えれば財は買いそろえたので，美容・理容，金融，教育などサービス産業への需要が増える．需要が高まる産業がさかんになるのである．

　一方，供給面でも農林水産業から製造業からサービス業へのシフトがおこる．そもそも農林水産業での生産性の向上が起こってはじめて労働力が製造業にシフトすることができる．少数の人数で国民を食べさせることができるようになって工業化が可能になるのである（貧困国には食料を輸入する余裕はない）．工場でもまた技術進歩とともに省力化が進む．

　アターバック（James Utterback）・アバナシー（William Abernathy）の「U-Aモデル」によれば，一般に新しい技術は当初は製品イノベーションの発生件数が多い（図5-4を参照）．競争のドミナント（主流）デザインが決まるとそこか

ら先はコストをめぐっての製法イノベーションでの競争となる．製品イノベーションの発生件数は減り，製法イノベーションが増える．その後，技術が成熟化すると製法イノベーションの発生も減り，次の製品が現れる．自動車は20世紀初めには蒸気自動車，電気自動車，内燃エンジン（ガソリン・ディーゼルピストンエンジン）が競っており，多くの企業が参入していた．内燃エンジンがドミナントデザインになると，1920年代以降はコスト削減をめぐる競争となり少数企業のみが生き残った．

　製品設計での競争でなく，コスト削減での競争になると人件費の安い発展途上国で生産されるようになるわけだが，これと関連したのがバーノン（Raymond Vernon）の「プロダクト・ライフサイクルモデル」である．図5-5が示すように新製品は技術開発力のある先進国で生産が始まる．まだ価格が高いので消費も所得の高い先進国が中心である．ただ，中進国の高所得者層も購入するので先進国から中進国への輸出が行われる．技術が成熟していくにつれて製品設計の重要性が減り，生産が標準化され技術よりもコストでの競争となる．中進国の技術でも生産ができるようになればコストが低いので生産が中進国にシフトする．価格が下がるので中進国での消費も増えるが，中進国は輸出国になり，先進国は輸入国になる．さらに技術が成熟すれば生産は賃金のより一層低い発展途上国で行われるようになる．テレビなど家電製品は生産拠点が欧米先進国から日本，さらに中国などアジア諸国に移ったことが，このモデルの典型である．

　U-A モデルもバーノンのモデルも，1つの製品のライフサイクルであり，先進国では新しい製品が生まれればよいのだが，実際には，工場が海外に移ってしまい，次世代の製品において開発はアメリカで行っても生産は当初から海外で行われることがおきてくる．こうして先進国ではモノづくりが衰退していくのである．

　開発と生産の連携は重要なので，最初のうちは開発拠点のそばで生産を行なった方が良いが，モジュール化が進む中で開発と生産は別々の場所で行われる．さらに，半導体産業ではモジュール（要素技術，部品）そのものの開発と生産が別々の場所で行われ，さらに別企業によって行われることがおきている．アメ

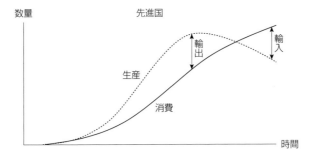

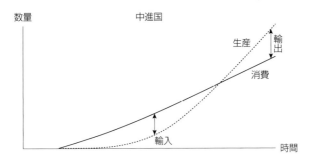

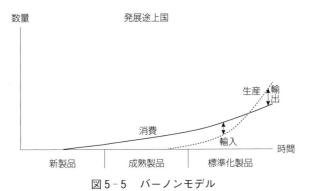

図 5-5　バーノンモデル

出所：Rutten,V. W.（2001）*Technology, Growth, and Development,*
New York: Oxford Express University Press, p. 165. より筆者作成.

表5-1 アップルiPod生産の担い手

		生 産	販 売	開 発	合 計
従業員数(人)	アメリカ国内	30	7,789	6,101	13,920
	国外	19,160	4,825	3,265	27,250
報酬額(ドル)	アメリカ国内	1,429,200	220,183,310	562,191,318	753,287,510
	国外	90,236,050	96,500,000	131,750,000	318,486,050

出所：Linden, G., Dedrick, J. and Kraemer, K. L. (2009) *Innovation and Job Creation in a Global Economy: The Case of Apple's iPod*, Personal Computing Industry Center, UC Irvine.

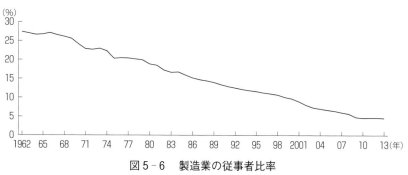

図5-6 製造業の従事者比率

出所：*Economic Report of the President* (2010, 2014) Washington, D.C.: US Government Priting Office.

リカの半導体企業の中には「ファブレス企業」と呼ばれ，設計・開発のみ行って生産はしないものが現れ，主に台湾に多いファウンドリーと呼ばれる企業が受託生産のみを行う．

　情報機器のアップルは21世紀に入ってヒット商品を次々と出しているが，生産はほとんど海外拠点または海外企業への委託で行われている．表5-1が示すように，アップル社でiPodの生産に関わっている雇用者数は海外で雇われている人がアメリカで雇われる人の2倍近い．アメリカで雇用されている人には開発部門の人が含まれて賃金が高いので，支払賃金の総額ではアメリカで雇用されている人の方が多くなっている．図5-6が示すようにアメリカの製造業従事者の比率は1990年代の好況期を含めて減少傾向にあり歯止めがかかっていない．

　サービスは財に比べて貿易されにくいので，サービス産業化が進み生産拠点が海外に移転することが貿易赤字が解消されにくい要因の1つになる（貿易については第8章参照）．

3．コーポレートガバナンス

(1)　アメリカ型の特徴

　企業統治（コーポレートガバナンス）とは文字通りの意味では企業をいかに支配するかということであるが，所有者が自ら経営しているのならば，これは企業経営と同義である．しかし，所有と経営が分離し所有者が経営者を雇うことになると，経営者をいかに所有者の利益のために企業経営させるかということが企業統治の問題となる．

　一般に経営者は雇い主である所有者の利益のために働くのだが，ときとして自分の利益を優先させる．社長としての権力を誇示するため社長室のスタッフを増やしたり，豪華な本社を建設し，高級な社用車（または社用機）を保有するかもしれない．さらに，業界内での企業のランキングは利益率でなく売上高で決まるので，大企業の社長は業界第1位を目指し，過大な広告費をかけてでも売上げを伸ばそうとするかもしれない．これらは企業のオーナーである株主の利益に反する．アメリカ型（アングロサクソン型）のコーポレートガバナンスとは，株主が株価を極大化するよう経営者に求め，達成できない経営者を解任するというものである．また，経営者にも株主と同じ利害関係をもってもらうため，経営者に株を持たせて株価上昇への努力の誘因を与える．ストックオプション制度では，経営者は一定期間の間に，あらかじめ定められた価格で株を買うことができる．定められた価格よりも時価が値上がりしていればすぐに売って大きな利益を得られるので，経営者は株価を上昇させる，すなわち，株主に恩恵をもたらせる経営を行う．一方，日本やヨーロッパ大陸のコーポレートガバナンスでは資金を融資した銀行（団）が経営者を監視する．さらに，企業の目的は株主のための利益極大化ではなく，従業員，取引先，顧客まで含んだ広義の利害関係者の利益の極大化となる．

　第4章で述べたようにアメリカでは銀行は支店の開設規制があり規模が小さかったとはいえ，ニューヨークでは州内の銀行が大企業に融資を行っており，19世紀末には銀行によるモニタリング型の企業統治が行われていた．しかし，大企業は信用があるので株式・社債で資金が調達できるようになった．ここでもニューヨークの資本市場が重要だったわけだが，20世紀に入ると多くの株主が少しずつ株を所有するようになった．所有が多くの株主の間に分散されることは，個々の株主にとってはリスクを分散でき，そのため企業は多くの投資家から合計すれば多額の資金を集めることができる．しかし，個々の株主にとっては経営者を監視するのが難しくなる．自分が監視したことが他の株主の監視コストを節約するので，誰も自分からは監視のために労力を費やさなくなるからである．

　1920年代から70年代末までは経営者主導の経営が行われるようになった．1932年にバーランド（Adolf Berland）とミーンズ（Gardiner Means）による *The Modern Corporation and Private Property* が出版された．この本では，株の所有が分散し大株主でも数％しか株を所有しないようになると，株主の発言力が弱まり，経営者が自分たちの裁量で経営するようになる，と述べられていた．また，産業技術の進歩とともに，素人の銀行家には技術がわからなくなり，内部昇進した人材の方が知識を持っているので経営者に適任となった．

　しかし，1980年代になり株主が黙っているのはおかしいという疑問が呈された．さらに，投資信託が発達し，また，年金基金によるベンチャー企業も含めたリスクのある株式投資が活発になった．個人投資家の資金を集めて運用する機関投資家が現れた．個人投資家は多くの場合，自分の勤務している企業と安全と思われた地元の電力会社の株を持っていたのが，企業年金が機関投資家を経て投資されることになり，多くのアメリカ市民が多くの会社の株を間接的に保有するようになった．年金基金の中でもとくに活発なのがカリフォルニア州職員退職年金基金（California Public Employees' Retirement System, CalPERS）である．労働者の年金基金の入った機関投資家が経営者にプレッシャーをかけて業績向上，コスト削減のため労働者をリストラするという皮肉な状態にもなっている．

　富裕な個人投資家は多くの企業の株を持っていたが，所有の比率は低いので経営に不満があれば株を売るという形で不満を表した．個々の投資家が日々の経営者の行動を監視するのは難しい．しかし，利益が上がらなければ株価が低迷するので，それに嫌気がさした株主が株を売って不満の意思を表す．不満を持つ投資家が多ければ株価がますます下落して経営が苦しくなる．経営者は株価が下がらないよう利益を確保することが求められるが，個々の株主の影響力はそれほど大きくはなかった．

　一方，機関投資家はある程度の比率の株を持ち，株を売ってしまえば株価が下落して影響が大きいので買手が決まらないと売ることはできない．そこで，機関投資家は経営者に意見を述べるようになった．有力機関投資家は株主総会の場でなくても直接，経営者に会って意見することが可能である．こうして，経営者は株主の利益のための株価重視の経営に向かった．したがって，アメリカ型の企業統治は必ずしも歴史が長いわけではない[4]．

　機関投資家の持株比率は1990年ごろに個人株主を上回わるようになった．株主の利益を重視した経営がアメリカの企業統治のあり方となった．利益が上がらない，すなわち株価が低迷すれば経営者は株主総会で解任される．また，株価が低迷していれば乗っ取られる．買収側としては業績の良い企業を買収したいのだがそのような企業は株価が高くコストがかかる．買収に際して，お買い得な企業というのは特許を持っていたりして潜在的能力は高いのに今の経営者が稚拙なので業績が伸びず株価が低迷している企業である．そのような企業を買収し自ら経営したり，自分が信頼する経営者を派遣する．乗っ取られた企業の経営者は解任される．企業経営者はこれを恐れて株価を高める経営に努める．

　モノを言う株主が増えたとはいえ，株主の直接的監視には限界がある．そこで，アメリカでは社外の人間も含めた取締役会が株主の利益に沿うように社長や執行役員を選任する．さらに，日本でも使われるようになったが，アメリカの経営者は最高執行役員（Chief Executive Officer, CEO）と呼ばれる．日本では社長は代表取締役と呼ばれることが多く，取締役会が経営を行うが，アメリカ型では取締役会は社長を選任・監視する機関である．

(2)　株価重視経営の功罪

　資本市場で株を売って資金を調達するやり方はアメリカのベンチャー企業の勃興にも貢献した．とくに，1970年代以降，企業年金のための資金をリスクの高いベンチャーにも運用して良くなったことは，ベンチャーキャピタルの供給を増やすことになった[5]．

　ベンチャーキャピタルはベンチャー企業への投資を専門にする機関投資家である．投資先を多様化させた年金基金もハイリスク・ハイリターンの投資はベンチャーキャピタルに資産運用を任せる．ベンチャーキャピタルは他人の金の運用なので堅実な投資を行い，特許をまだ持っていないようなベンチャー企業には投資しない．

　企業はまず創業者本人（Founder）や友人（Friends）・家族（Family）の資金で設立される．企業が多少軌道に乗ったその次の段階では，エンジェルによる投資が行われる．エンジェルとは裕福な個人で自身がベンチャー企業家として成功して企業を売却してセミリタイアした人物で，自分自身の利益と後進の指導・支援を兼ねて投資する．さらに次の，上場するまでの段階になってようやくベンチャーキャピタルが登場する．ベンチャーキャピタルは堅い投資をしているが，それでも10件の投資のうち2-3件のみが利益を生んで残りの赤字を埋め合わせている．しかし，株式投資であるので失敗した企業経営者は非難されても負債を負う必要はない．一方，銀行ローンによる起業では，失敗したら担保物件である不動産を失い，さらに自己破産せざるを得ない．そうなれば再度ローンも組めないのでもう一度，事業を起こすことは極めて難しくなる．また，そもそも銀行側から見ても貸し出しというのは，ローリスク・ローリターンのビジネスモデルなのでベンチャー育成には適していない．

　資本市場で資金を調達する方法がアメリカのダイナミックな経済を支えているのだが，一方，株価重視の経営は短期志向になり，このことがアメリカ企業の国際競争力を低下させたと主張されたこともあった．1980年代初め，90年代初め，リーマンショック時代など経済が苦境になるとこの議論が現れる．研究所を設立してもすぐには利益は出ないのに費用ばかりが計上されるので，帳簿上の数字は悪化し，株価にもマイナスになる．株主の利益を重視する経営者は

そのような長期的投資を避けることになる．一方，日本企業のように銀行からの融資・モニタリングに基づく企業統治では，銀行はすぐに返済を求めないので長期的な投資が可能となり競争力を高めることができると考えられた．

「効率的市場理論」によれば，株価は将来の収益の現在価値に等しい．株主は企業の短期的利益だけでなく長期的成長も考慮に入れて投資を行う．バイオベンチャーではまだ製品が出ていなくても将来性が評価され上場も可能になり高い株価がつく．一方，日本での銀行によるモニタリングは実際には担保価値に基づく融資なので企業の将来性を見越しての融資が行われていたわけではなかった．そのため1990年代にバブルが崩壊すると担保価値が減少してしまい不良債権となってしまった．銀行によるモニタリングと株価重視の経営とで，企業統治としてどちらがすぐれているかは一概にはいえないのである．

1990年代はアメリカは好況を謳歌したが，ITバブルは2000年にはじけ，さらに2001年にエネルギーのエンロンと通信のワールドコムという急成長した企業で粉飾決算問題が発生した．監査するはずの会計法人（アーサー・アンダーソン）が対象となる企業のコンサルタントもしており，違法すれすれの収益の上がる方法を指南しつつチェックは行わなかった．さらに，証券会社は株取引が増えれば手数料が増えるので証券会社のアナリストによる企業評価は甘くなる．社外取締役も含めた取締役会も執行役員と馴れ合いになっていて監視ができなかった．執行役員は会社の業績が悪いことを知っていたので，保有している株が値下がりする前に売ったのに対して，従業員の多くは会社に欺かれ退職金を株として保有していたので，会社が倒産し退職金もないという状態になった．資本市場で資金を調達するアメリカ型では，投資の判断をする投資家に正確な情報が与えられることが重要なので，エンロンやワールドコムの事件は衝撃が大きかった．

事件を受けて，議会は2002年にサーベンス・オックスリー法（Sarbens-Oxyley Act）を成立させた[6]．同法は証券詐欺の禁固刑を5年から25年に，虚偽記載の禁固刑を5年から20年にし，内部告発者の保護，不正に関わった経営者が他の企業の経営者になることの禁止，経営者による財務報告書の認証義務などを盛り込んでいた．

注

1）　インターネット時代では，品質の良し悪しが消費者の間に簡単に広まり，消費者が賢くなるので，営業・売り込みの重要性は低くなるともいわれるが，今後の推移を見守る必要があろう．

2）　州立大学そのものはジョージアやノースカロライナで18世紀末から設立されていた．また，工学の教育機関としては1802年設立の陸軍士官学校が土木工学を，1845年設立の海軍士官学校が機械工学を教えた．

3）　電気自動車になるとどの程度，モジュール化が進むかはまだ議論の分かれるところである．また，アメリカの音響メーカーのBOZEはヘッドホンの雑音を除去するため，外部からの雑音の波形を瞬時に認識し，それと真逆の波形の音を出すことによって雑音を相殺する技術を持っている．同社はこれを利用して自動車の座席が振動の波形を瞬時に認識し真逆の波形を生み出し，振動を相殺するシートを開発中である．これが成功すれば振動についてはモジュール化が進むことになる．

4）　日本企業が主力銀行からの融資によって資金を調達するようになったのも，日中戦争遂行のために軍部が強制的に作り上げたシステムである．それ以前は日本企業は資本市場で株を売って資金を調達していた．当時の個人大株主は自分の家や土地を担保に銀行から金を借りて株式に投資していたので，短期的利益を強く求めた．日本で株主重視の経営は短期志向になるという意見が強かったのには当時の経験の影響があったものと考えられる．

5）　1974年のエリサ（Employee Retirement Income Security Act, ERISA）と呼ばれる連邦法は，機関投資家に対して投資家に利益をもたらす受託者責任を課した．利益を上げるためにローリスク・ローリターンからハイリスク・ハイリターンまでさまざまな案件への分散投資が行われるようになり，その一環としてベンチャーキャピタルへの投資も行われるようになった．また，1988年に労働省がエイボンの年金基金に対して出したいわゆる「エイボンレター」は，企業年金の受託者責任として機関投資家が議決権を行使することを容認した．

6）　同法に基づき監査法人を監督する組織として公開会社会計監査委員会（Public Company Accounting Oversight Board, PCAOB）が設立されたがトランプ（Donald Trump）政権は，2022年のうちにこれを証券取引委員会の中に吸収させ，弱体化する方針を2020年2月に発表した．バイデン（Joe Biden）政権がどのような対応をするかはまだ不明である．また，企業監査をめぐってはアメリカで上場している中国企業に対する監査も問題になっている．

◆コラム◆
買収防止策

　本論でも述べたように，企業が敵対的買収（乗っ取り）されると現経営者はその地位を追われる．そこで，現経営者は知恵をしぼってさまざまな買収防止策を講じている．買収しようとする側にとって魅力的でなくするためあえて企業の価値を減らすことも行う．

① ゴールデンパラシュート：買収を仕掛けられた経営者が多額の退職金を得て退職することをあらかじめ契約書に書いておく．買収されてクビになっても多額の報酬を得られるし，法外な退職金を払わなければならないのでその会社を買収する魅力がうすれる．「金の落下傘」をつけて会社から逃げ出す意味である．

② ホワイトナイト：「白馬の騎士」であり，現経営陣に友好的な企業に買収してもらうことである．

③ ポイズン・ピル：「毒薬」であり，買収後にプレミアムがつく優先株を新たに発行して，企業の株式を買収する側にとって魅力的でなくしたり，株式譲渡に制限を加えたりしておくことである．

④ 焦土作戦：退却する軍隊が自国の施設・建物・交通網を破壊し，侵略者が食料・燃料を補給できなくする軍事用語が由来で，買収されそうな企業がもうかっている事業部を売却したり，収益性の低い事業を始めたりして，わざと企業価値を低下させ，買収を魅力的なものでなくすることである．

⑤ リバレッジド・リキャップ：現株主に売却益相当の特別配当を与えて買収に応じないでもらうことである．

⑥ 差別的議決権：長期間保有されている株式に対して追加的な議決権を与えるもので，買収した側の影響力が小さくなるようにして買収をあきらめさせることである．

　その他，経営者が自社株を買って非上場にしたり，従業員に株を保有させることも買収防止策としてあげられる．

　最後に買収する側で使われる用語として「グリーンメイル」という言葉がある．これは必ずしも買収を目指すのではなく，買収すると脅し，買い集めた株を現経営陣に買い戻させて利益を得ることである．脅迫（ブラックメイル）とドル紙幣が緑色であることから名づけられた．

第6章
所得格差と貧困問題

1. 所得格差の拡大とその要因

(1) 各国における格差の高まり

　近年，所得格差に対する社会的・政治的・経済学的な注目が高まっている．富めるものはますます裕福になる一方，貧しいものはその状況を改善できないままでいる．

　このような不満がアメリカにおいてさまざまな金融機関が集まるニューヨークのウォール街に向けてぶつけられることとなる．2011年9月に起きたデモ参加者の多くは若者であったが，それはアメリカのみならず世界経済を危機に陥れた原因を作った金融機関は救われるが，その余波を被った弱者であるわれわれは救済されないということに対する抗議であった．また，金融機関に勤める者の多くは高額の報酬を得ており，持てる者と持たざる者との格差が拡大していることに対する不満の高まりも含んでいた．

　ではこのような格差は以前よりも高まっているのだろうか．この格差拡大に対する抗議はその後，世界各国でも連鎖的に発生しているゆえ，アメリカの所得格差の話に入る前に主要な国の格差状況を次の表をもとに確認しよう．

　表6-1は主要OECD加盟国（OECD: Organisation for Economic Co-operation and Development＝経済協力開発機構）とロシア・中国のジニ係数について，2010年のデータを基準として低い順（格差が低い国順）に並び替えたものである．同表から明らかなようにノルウェー・デンマーク，そしてスウェーデンといった北欧の福祉国家といわれる国のジニ係数が低くなっているのに対して，イギリ

表6-1　主要 OECD 諸国のジニ係数

	ジニ係数			トップ5％
	2000年	2010年	2019年	2019年
ノルウェー	0.253	0.245	0.254	13.5%
デンマーク	0.219	0.253	0.275	15.0%
スウェーデン	0.250	0.255	0.276	14.1%
ド　イ　ツ	0.235	0.283	0.297	14.8%
フ ラ ン ス	0.294	0.292	0.292	17.7%
カ　ナ　ダ	0.313	0.314	0.303	15.7%
日　　　本	0.337	0.321	—	16.9%
イ タ リ ア	0.333	0.323	0.328	16.1%
ロ　シ　ア	0.425	0.335	0.318	15.9%
イ ギ リ ス	0.346	0.339	0.351	16.1%
ア メ リ カ	0.368	0.378	0.390	20.0%
中　　　国	—	0.380	0.465	19.2%

注：ジニ係数について，2010年データは日本については2011年のもので，2019年データはカナダ・ロシアについ
ては2018年のもので代用した．トップ5％について，日本・中国は2014年のもので，カナダは2016年ので代
用した．
出所：国連大学のホームページデータより．

スやアメリカといったアングロサクソン系国のそれが高くなっている．また，
2000年から2019年にかけて多くの国でジニ係数が上昇しており，格差が拡大傾
向にある．

　同表にあるトップ5％については国全体の所得に占める上位5％のシェアに
ついて示している．ジニ係数と同様，北欧諸国の低さが確認される．またアメ
リカと中国の高さが注目される．

　先進国においてアメリカの格差が特に高いことが判明したが，同国の格差が
戦後から今日にかけてどのように推移してきたか図6-1をもとに検証しよう．
　同図は世帯単位[3)]の所得格差の推移を戦後1970年から2020年にかけて示したも
のである．曲折はあるものの，1970年以降ほぼ一貫して上昇基調を維持し，今
日まで格差は拡大し続けている．特に1980年代のレーガン（Ronald Reagan）共
和党政権誕生以降急激に上昇し，2020年ではかつてない不平等状態となってい
る．なお，1993年にジニ係数が大きく上昇しているがこれはデータ集計方法の
変更によるものである．

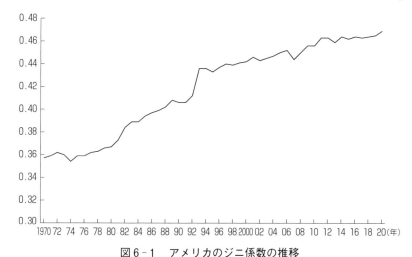

図6-1 アメリカのジニ係数の推移

出所：U. S. Census Bureau のホームページデータより.

(2) 近年の格差拡大要因

前述のようにアメリカにおいては過去50年間ほぼ一貫して格差が拡大しているわけだが1980年代以降は特にそれが大きく進行している．ではこのような格差拡大はどのような要因によってもたらされているのだろうか．以下では先行研究の論点を整理したい．

近年の格差拡大要因としては次のようなものが挙げられる．

① 技術変化（特にコンピューター技術）：技術革新の成果をうまく自身の利益に結びつけられる者とそうではない者の差が開いた．

② 経済のグローバル化：より人件費が安い途上国に工場を移転することで，それまで就けていた国内の雇用層がより条件の悪い職種でしか職に就くことができなくなった．

③ 税制改正：レーガン政権時の1981年・86年の2度にわたる税制改正，特に所得税の限界税率はそれまでの70％から28％にまで大幅に引き下げられ，富裕層に大きな恩恵をもたらした．

④ 労働組合組織率の低下：労働者自身の厚生改善要求や経営者の高額報酬に対する抗議圧力が低下した．サービス経済化や⑤とも関連．

⑤ 製造業の衰退：必ずしも高学歴ではない者に対しても比較的高賃金体系をとっていた同業が衰退することで中間層が空洞化した．②と関連．

⑥ 高齢化：年金生活者が増大することによって勤労者との所得差が拡大した．

⑦ 移民の増加：教育を十分には受けていないヒスパニック系が移民の多くを占める．彼らの多くはそのまま貧困者となることが多い．

⑧ 労働市場の変化：非正規雇用者の増大．ただしアメリカでは労働者の解雇は比較的容易であり，また労働の流動性も高い．

⑨ 人的資本に対するリターンの増加：教育に対する報酬の格差，学歴間の格差が高まった．近年では学歴内（特に大卒）での格差も拡大している．

　以上，さまざまな要因が格差拡大に影響を及ぼしているとされるが，近年の格差拡大特徴としての富裕層の中でもその一部の者みがさらに豊かになっているという点に注目し，税制改正との関連性を検証したい．

　まず図6-2で注目されるのは最上位1％の所得シェアの推移についてである．大恐慌の発生を契機として国全体に占める所得（富）のシェアは第2次世界大戦，偉大な社会の建設といった期間を通じて低下基調を示していた．これら低下期間においては戦時下での賃金統制，さらには社会的規範がその上昇の防波堤として機能していた．

　しかしレーガン政権期に上昇基調に転じ，以降90年代初頭のITバブルとその崩壊，続く2000年代初頭の住宅バブルを如実に反映したものとなり，近年は大恐慌以前の水準に達している．このことは他のトップ1-5％とトップ5-10％の所得シェアの変動がほとんど見られない中での事象として注目したい．すなわち富裕層の中でも，最も富める者のシェアが突出して上昇しているのだ．

　Piketty and Saez（2007）は所得を賃金所得・資本所得・企業家所得と分類し，近年の富裕層の所得が過去のような不労所得（資本所得）ではなく，労働報酬（賃金所得）によって大部分が構成されていることを発見している．では税制面での変化がその富の増大や構成に影響するのだろうか．

　図中の右軸は個人所得税の限界税率の推移を示したものである．限界税率の引き下げが特に富裕層間の富の増大を，引き上げがその減少を招くとすれば，相当程度の密接性がうかがえる．ただし，1990年代半ば以降のトップ1％の急

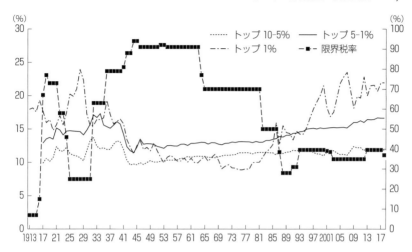

図6-2　富裕層の所得シェアと限界税率

注：左軸は富裕層のシェアを，右軸は限界税率を示す．所得データはキャピタルゲインを含み，課税前のものである．

出所：1917-2002年のデータは Piketty and Saez (2007) の表5 A-3より．2003年以降は Emmanuel Saez のホームページデータより．限界税率については U. S. Tax Foundation のホームページデータより．

激な上昇とはあまり連動性は見られない．この背景には近年のキャピタルゲインなどの別科目での税制改正（減税）が影響していると思われる．

(3)　アメリカンドリームは霧消したか

　マクロデータに基づく長期的格差動向の分析もさることながら，各主体が属する所得階層の固定化はより大きな社会的・経済的問題であろう[4]．一時点の所得分配のスナップショットとしてとらえられる所得の格差だけでなく，マイクロデータに基づく所得移動性の分析が不平等研究，そして貧困研究の深化にはより重要なものとなる．

　財務省リポートはそれぞれの所得階層において，継続して同一の世帯・人物が属しているのかに注目し，所得分配問題における移動性について遷移確率行列を用いて分析している．

　表6-2は相対的所得移動性に関して示したものである[5]．1996年と2005年そ

表6-2　納税者に関する所得移動性 (1996-2005年)

(単位：%)

1996年の所得分位	2005年の所得分位					
	第1分位	第2分位	第3分位	第4分位	第5分位	合計
第1分位	42.4	28.6	13.9	9.9	5.3	100
第2分位	17.0	33.3	26.7	15.1	7.9	100
第3分位	7.1	17.5	33.3	29.6	12.5	100
第4分位	4.1	7.3	18.3	40.2	30.2	100
第5分位	2.6	3.2	7.1	17.8	69.4	100

注：右列の合計値は小数点以下を四捨五入しているので厳密には100%にはならない.
出所：U. S. Department of the Treasury (2007), Report of the Department of the Treasury, "Income Mobility in the U. S. from 1996 to 2005," Table. 1. より.

れぞれにおいて分位を同じくする対角線上（1分位と1分位，2分位と2分位，その他同様）の数値は各分位にとどまった割合を示す. また，その対角線よりも右側の数値はより高い所得分位に移動した割合を示し，逆に対角線よりも左側の数値はより低い分位に移動した割合を意味する. ゆえに対角線にある値を100%から引いた値が異なる所得分位に移動したものの割合を示す. なお，第1分位が最も貧しい階層を，第5分位が最も豊かな階層を示す.

　では表6-2をもとに1996年から2005年にかけての所得移動性について確認しよう. 当初（1996年）第5分位に属するものが2005年においても第5分位に留まる割合は約70%と他の分位何れと比較しても最も高い. 最も富裕なものは継続してその位置にある割合が非常に高く，より下方への移動は30%しかない.

　これに対して当初最も所得の低いもの（第1分位）が継続してその分位にいる割合は約40%となっている. 残りの60%はより高い分位に移動している点について，同リポートは移動性の高さを指摘している. 興味深い点としては，10年後に第1分位から第5分位へとランクアップしたものが5.3%もいることである. 最も貧しい層から最も富裕な層へと移動をはたしたのだ.

　財務省リポートは分析において，納税者でかつ25歳以上の者を対象とし，有職ではない多くの年金生活者や有職でも課税対象ではない低所得者はサンプル選択基準からは除外されるので，下方バイアスを考慮する必要がある.

　Gottschalk (1997) は1974年から1991年にかけての所得移動性を分析し，当初第1分位にいたものが継続して第1分位にいる比率は42%であるのに対して，

第 5 分位に継続して属する者の率は54％となっていることを明らかにしている．最も富裕な層である第 5 分位の移動性が最も低いという点は財務省リポートと同様である．

2．貧困の深刻さとその特徴

⑴　貧困の定義と基準

　貧困者とは簡単に言えば所得水準が極めて低く，かつ将来においてその増加の展望が開けない者を指すが，以下ではより厳密に貧困について議論しよう．

　貧困のとらえ方，概念にはa．相対的貧困とb．絶対的貧困がある．a．相対的貧困はたとえば中位所得の50％以下の所得水準の者を指す．この定義に基づけば，社会がいくら豊かになっても貧困が無くなることはない．これに対して，b．絶対的貧困は絶対的境界線以下の者（たとえば 3 人以上の家族で課税前所得の 3 分の 1 を食費に費やしている状態）を指し，その境界線以下の者がなくなれば貧困は消滅することとなる．

　アメリカ政府の公式な貧困の定義付けは1969年に予算局，現在の行政管理予算局＝Office of Management and Budget によってなされ，絶対的貧困の概念が採用されている．

　貧困については定義付けが重要な問題となる．なぜならその定義が変化することによって貧困データに変化が生じる可能性があるからである．貧困の変化が単に定義の変更による集計データの変化が影響している可能性があるが，貧困の定義はそれが公式設定されて以降ほとんど変化していない．

　さて貧困の捉え方についてであるが，次のような特徴が挙げられる．① 家族の総所得が貧困ライン以下である場合，その家族並びに個人を貧困と定義する．② 貧困ラインには消費者物価指数を反映する．③ その貧困ラインは家族規模とその構成によって異なる．④ 課税前現金所得が用いられ，キャピタルゲインや非現金ベネフィット（メディケイド・フードスタンプ・住宅補助等）を除く．

　つぎに家族規模毎の貧困ラインを政府はどのように基準設定しているのか確認しよう．表 6 - 3 は2020年における家族規模毎の貧困線について示したもの

表6-3　家族規模ごとの貧困線（2020年）

（単位：ドル）

家族単位の規模	18歳未満の子ども								
	0人	1人	2人	3人	4人	5人	6人	7人	8人以上
1人									
64歳以下	13,465								
65歳以上	12,413								
2人									
世帯主が64歳以下	17,331	17,839							
世帯主が65歳以上	15,644	17,771							
3人	20,244	20,832	20,852						
4人	26,695	27,131	26,246	26,338					
5人	32,193	32,661	31,661	30,887	30,414				
6人	37,027	37,174	36,408	35,674	34,582	33,935			
7人	42,605	42,871	41,954	41,314	40,124	38,734	37,210		
8人	47,650	48,071	47,205	46,447	45,371	44,006	42,585	42,224	
9人以上	57,319	57,597	56,831	56,188	55,132	53,679	52,366	52,040	50,035

出所：U. S. Census Bureau, *Current Population Survey, Income and Poverty in the United States: 2020*, U. S. GPO. より.

である．たとえば1人（家族）の64歳以下，すなわち労働力として認識される年齢にあたる者の貧困ラインが約1万3000ドルに設定されている．また，18歳未満の子どもが2人いる4人家族（標準世帯）での貧困線は約2万6000ドルとなっている．子どもが1人増えた5人家族ではおよそ4000ドルプラスされている．

　貧困線は全体的に相当程度低い水準に維持，設定されているが，そのことが貧困率の上昇を抑制している要因の1つと考えられる．

(2)　貧困の現状

　以下ではデータ面で貧困の現状を確認しよう．図6-3は1960年から現在までの貧困率と失業率の推移を示したものである．貧困率については，1970年代初頭まで急激に低下している．その後，今日にかけて上下はしているが，おおむね12％前後で推移し，50年間大きな変動は見られない．なお絶対数では現在

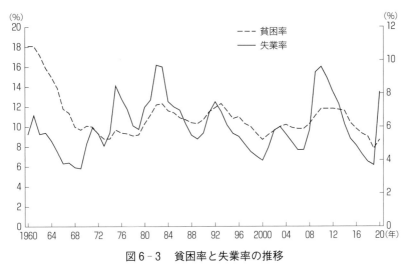

図6-3　貧困率と失業率の推移

注：左軸が貧困率，右軸が失業率を示す．
出所：失業率データは U. S. Bureau of Labor Statistics のホームページデータより，貧困率データは U. S. Census Bureau (2021), Current Population Reports, "*Income and Poverty in the United States: 2020,*" U. S. GPO. より.

およそ3700万人の貧困者がいる．

　図から読み取れる留意すべき特徴として，貧困率と失業率の動きには密接な関係がみられ，貧困は景気状況に左右されることが分かる．

　1960年代の急速な貧困率の低下が注目されるが，これは当時アメリカ経済の黄金期といった経済的側面だけでなく，"貧困との戦い"を掲げたジョンソン政権による政策面での効果も遠望できる．

　政策的側面としては公的医療制度として主に高齢者対象のメディケア，及び低所得者対象のメディケイドが1965年に創設されたことが注目される．前述の制度だけでなくフードスタンプ法や経済機会法など，アメリカにおける社会保障制度の基盤が1960年代に整備された．

　1960年代初頭から1970年代初頭にかけて急激に貧困率が低下し，その後40年間大きな変化はないが近年，再び貧困率が上昇傾向に転じている．なお貧困率の上昇要因としては未婚家庭や離婚率の上昇，そして移民（特にヒスパニック系）の増加といった社会的側面があろう．それ以外にも，政府による対貧困政

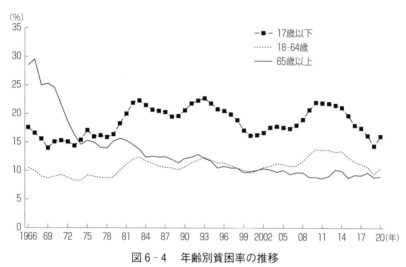

図6-4　年齢別貧困率の推移

出所：図6-3と同様.

策などが挙げられる.

　より深く貧困について分析するため，年齢別の貧困率について図6-4をもとに確認しよう．同図は1966年から2020年にかけての17歳以下・18歳-64歳以下・65歳以上の3分類した年齢毎の貧困率を示している.

　18歳-64歳以下の貧困率は10％前後でおよそ50年間推移し，変化はほとんど見られない．有職の可能性が高い同年齢層は，人口統計的には他の2つのものとは大きく異なる．では他の2つの年齢層グループの貧困率についてはどうであろうか.

　65歳以上の貧困率は70年代初頭まで急激に低下しているが，それまでの期間が他の年齢層の貧困率と比べて突出して高い．この期間については図6-3でみた貧困率の推移と連動している点で注目される．また，65歳以上の貧困率は継続して低下傾向にある.

　17歳以下の貧困率は1970年代後半以降，今日にかけて年齢別では最も高い貧困率を記録している．この若年層を対象とした新たな貧困との戦いが更なる全体としての貧困率の低下には重要となる.

3．経済学と格差・貧困問題

(1)　格差に関する経済学理論

　近年特に注目されている所得格差問題ではあるが，格差の研究はこれまで経済成長との関係がどのようなものであるかという点から理論的・実証的に行われてきた．これはクズネッツ（Simon Kuznets＝1971年ノーベル経済学賞受賞）による逆U字仮説の検証を出発点としている．

　クズネッツの逆U字仮説とは1人当たり所得と不平等の関係を指摘したものである．経済発展の初期段階，工業化段階では高所得者層の相対所得は上昇するのに対して，過剰人口による低所得者層の相対所得は低下し，両層間の不平等が拡大する．しかしその後，労働力不足による低所得者層の相対所得が上昇するのに対して高所得者層のそれは低下し，不平等度は縮小する．経済の発展（1人当たり所得の上昇）とともに当初は格差が拡大するが，やがて縮小するとする逆U字型を描くのである．

　経済学理論では経済成長と格差の関係について相対立する理論が存在する．すなわち，格差が大きい社会ほどその後の経済成長が大きいとするものと，格差がより小さい平等な社会のほうがその後の成長が大きいとするものである．

　たとえばKaldor（1957）は格差が大きいほど成長が高いことを示している．なお，物理的資本の蓄積が経済成長の主要なエンジンである発展の初期では不平等は成長を刺激するが，人的資本が主要な成長のエンジンとなってくるほど逆に不平等は成長に有害であるとし，発展段階によってその関係が変化することを示す理論も存在する．

　これに対して，格差が大きいほど成長の妨げとなることをGaor and Zeira（1993）は示している．同論文は長期的な面から人的資本投資への不可分性について，そして短期的な面から信用市場の不完全性に注目している．特に人的資本投資（簡単に言えば教育訓練への投資）に必要な資産を相続できなかった場合，それは信用制約（簡単に言えば借金しにくいこと）によって十分な人的資本への投資が行えず，未熟練工（熟練工か未熟練工かは教育レベルに依存）として貧

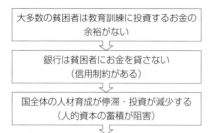

大多数の貧困者は教育訓練に投資するお金の余裕がない	お金持ちは貯蓄する余裕がある（限界貯蓄性向が高い）
銀行は貧困者にお金を貸さない（信用制約がある）	お金持ちは銀行等に預金する
国全体の人材育成が停滞・投資が減少する（人的資本の蓄積が阻害）	企業は預けられたお金を借りて設備投資等をする
結果：経済成長が**抑制される**	結果：経済成長が**促進される**

図6-5　格差が成長を抑制

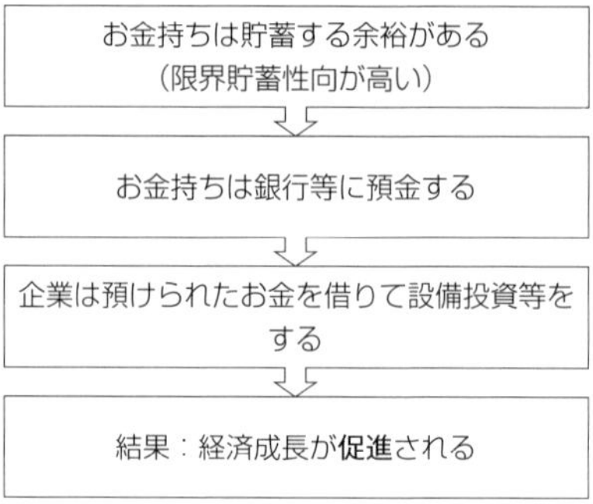

図6-6　格差が成長を促進

出所：筆者作成.

困なままとする．また成長は人的資本に投資できるだけの資産を相続する個人の割合によって影響し，中間所得者層の重要性を指摘している．

　格差が大きい社会ほどその後の成長が促進されるという論理と格差が小さい社会ほどその後の成長が促されるとする論理展開はどのようになっているのか図6-5と図6-6をもとに確認して本項を終えよう．

⑵　貧困問題と都市経済学

　貧困問題については主として中心地における貧困層の地理的集中問題[7]と関連して研究されてきた．その中で貧困は居住地と雇用機会の空間的ミスマッチ問題として特に人種間問題との関連で論じられる[8]．

　貧困問題を取り上げる場合，アメリカにおいては特に地域問題としての観点からこれまで研究がなされてきた．そこで，都市の内部と外部でその違いをデータ面から把握し，その後でこの貧困問題がなぜ地域問題としての要素が強いのか説明しよう．

　図6-7は大都市圏内外部での貧困率の推移を示したものである．まず大都市圏とは農村との対比で，ここでは単に人口が密集し，経済活動が活発な地域であるとしよう．また，中心地とはその大都市圏の中でも最も人口が密集し，経済活動が集中している地域としよう．中心地外とは大都市圏の中にはあるが

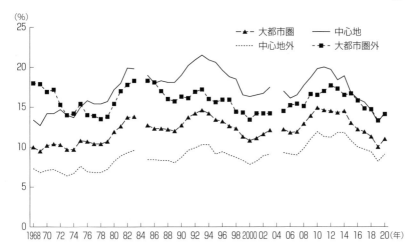

図6-7　大都市圏内外部での貧困率の推移

注：1984年と2004年は欠損値データである.
出所：U. S. Bureau of the Census, Current Population Survey, *Annual Social and Economic Supplements.* データより.

中心地ほど人口が密集していない地域としよう．そして，大都市圏外とはあまり人口が密集していない地域（農村）と解釈しよう．

　アメリカにおいて貧困者は大都市圏，さらにはその核となる中心地に集まる傾向があるとされるが，おおむねその傾向がデータから検証される．ただし，1960年代後半時点では貧困者は大都市圏外，すなわち農村においてより存在が大きかった点には留意すべきであろう．

　今日，大都市圏の内部でも中心地以外の地域，郊外ではむしろ貧困率は低く，郊外部と中心部との違いが大きい．

　都市経済学の分野において，中心地での貧困問題は人種問題との関連で分析されてきた．そこでは雇用の空間的ミスマッチが人種問題と結びつき，それが中心地経済の停滞，貧困の高まり，さらにはインナーシティ問題へと反映される.[9]

　貧困問題は都市圏内部における雇用の空間的分布の変化，特に中流白人層の中心地から郊外への移住（逃避）に伴う，雇用の郊外化との関連で説明される．すなわち，白人層はますます郊外に居を構える傾向なのに対し，相対的に所得

水準が低く，通勤手段に制約のあるマイノリティ層が都市の中心地に残ることによる人種間での雇用との空間的ミスマッチが中心地での貧困問題と結合している．

　アメリカにおける居住地の分離は人種（さらには民族）によるものから，近年では所得階層によるものという要素がより強いものとなってきている．

　Current Population Survey（CPS）の2010年の調査では，大都市統計圏（MSA: Metropolitan Statistical Areas）レベルの家族単位のジニ係数を計算し，MSA でのそれは0.44，MSA の外部では0.399であることを算出している．経済活動が集積している大都市はそれ以外の地域（農村）に比べて格差が大きい．

　CPS はさらに大都市圏内部に注目してその域内格差を分析している．それによると大都市圏の中でも核となる地域を主要都市，それ以外の地域を主要都市外部と分類し，前者のジニ係数が0.471，後者のそれが0.421であるとしている．前述の点と合わせて，より経済活動が活発な地域ほど住人間の格差が大きい．

　貧困率とともに格差についても都市の中でも核となる地域において高いようだ．

4．格差縮小に向けて

　これまでアメリカにおいて所得格差が拡大していることを明らかにしてきたが，格差是正に向けた政府の取り組みを最後に確認しよう．

　大統領はアメリカを取り巻く状況を分析し，今後重視するさまざまな政策方針を連邦議会に伝える義務と権利が憲法により規定されている．アメリカにおいて，時の政権が今後重視して進めていく政策，施政方針を表明したものとして，教書（一般教書・予算教書・大統領経済報告）がある．[10]

　バイデン大統領は2021年4月28日の施政方針演説で格差是正を掲げ，計4兆ドルの構想に議会の協力を求めた．具体的には富裕層や大企業への増税，最低賃金の引き上げや子どもの貧困の半減，そして子育て勤労世帯への税額控除の強化などである．

　中間層に対する支援を強化し，持てる者と持たざる者といった二極化された社会ではなく，重層的な社会の復活を成し遂げることで格差の是正を図るもの

である．そのために前述の税制面での見直しだけでなく，製造業の復活，海外へ逃避した工場の引き戻し，国内での醸成を支援する政策の遂行を掲げている．税制改正だけでなく，経済成長と所得分配の不平等軽減を同時に達成するにおいて製造業の再生はより長期的な視点から須要であろう．

注

1）　2008年におこったいわゆるリーマンショック．

2）　ジニ係数とは最も多用される不平等尺度の一つである．ジニ係数はゼロから1の値をとり，ゼロに近いほど格差が小さいことを示し，1に近いほど格差が大きいことを示す．

3）　家計（家族）・個人・年齢・地域・人種等の単位でも格差分析がされている．

4）　格差は大きいが移動性が高い場合，それは"機会の平等"は担保しているとも解釈できる．アメリカでは結果の平等よりも機会の平等が重要視される．

5）　移動性が全くなく，完全に固定した社会では分位を同じくする対角線上の値がそれぞれ100％となる．反対に完全移動性がみられる場合は各行それぞれのセルの値は20％となる．

6）　中位所得とは所得の低い人から高い人に順番に並べ，ちょうど真ん中にいる人の所得を言う．たとえば，人口が100人だとして，50人目の人の所得のこと．

7）　都市の中でも人口が集中している地域を指す．

8）　インナーシティ問題として取り上げられることが多い．インナーシティとは公表されている政府統計には出てこないゆえ，実証分析をした先行研究のほとんどが便宜上中心地データ，すなわち市単位のものを利用している．なお，インナーシティ問題とは都市の核となる地域の縁辺部に低所得のマイノリティが居住することによる住宅の荒廃や犯罪発生率の上昇，さらには企業の逃避等の問題を指す．

9）　雇用の郊外化が進む中，特に中心地にとどまる黒人居住地との距離がひらいていくことによる問題．

10）　この三大教書の中で最も有名なのが一般教書である．日本のような議院内閣制とは異なり，大統領制下のアメリカにおいては行政府と立法府の厳格な分立がなされている．行政府の長たる大統領は立法府である連邦議会に出席資格がないが，慣例により議会から招待されるという形で毎年1月に今年の施政方針を議会演説する．大統領が今後いかなる政策を推し進めたいかを議会に伝え，それに必要な立法措置を勧告する．この演説を一般教書演説という．なお，施政方針演説は大統領就任1年目に連邦議会で行うものである．

◆コラム◆

最低賃金の引き上げは貧困層にプラスか？

　民主党出身のバイデン（Joseph, Biden）大統領は貧困層対策，さらには格差是正策として最低賃金の引き上げを重要視し，2021年4月，連邦政府と契約する企業で働く労働者の最低賃金を10.95ドルから時給15ドルに引き上げる大統領令に署名した．

　最低賃金とは，雇用主が労働者に対して支払わねばならない最低の賃金水準の事である．最低賃金は連邦政府によって国レベルの水準が決められるだけでなく，各州さらには市レベルによっても独自に規定される．

　格差だけでなく貧困の縮小に最低賃金の引き上げが有効であるとする意見には議論がある．以下では最低賃金にまつわる研究蓄積について整理したい．

　貧困は雇用問題と密接に関係するが，この両者に関して賃金政策の面から分析するとどのようなことが言えるだろうか．貧困状態を改善するには賃金，とりわけ最低賃金の上昇が格差縮小の面からも重要な課題となる．しかし，賃金水準の上昇は雇用の抑制を招きうる．理論的には貧困者の多くが該当すると思われる買手独占状態の低技能労働市場において，競争賃金以上に最低賃金を設定した場合は雇用が減少し，失業が発生する．

　政策的に賃金を上昇させる手段としては最低賃金水準の操作が有効であるものの，それは雇用者による新規雇用の抑制または被雇用者の整理を招く恐れがある．このような最低賃金の雇用への影響については相対立する研究がある．

　Card and Krueger（1994）は州の最低賃金の上昇が雇用に与える影響を分析している．最低賃金が引き上げられる前後のファストフードレストランのニュージャージー州における雇用と，最低賃金がそのままの水準であったペンシルバニア州での雇用成長に関する比較をしている．それによるとニュージャージー州における最低賃金の上昇が雇用の減少を引き起こした事実は発見されなかったとしている．

　最低賃金の引き上げが雇用の減少をもたらすか否かの議論で同論文に対する検証としては Neumark and Wascher（2000）が注目される．同論文は Card and Krueger が用いている雇用データは変化性が高く，それの代わりに給与データを用いた場合，最低賃金の上昇はペンシルバニア州のコントロールグループに比してニュージャージー州におけるファストフード店の雇用（低賃金労働者雇用）を減少させることを示している．

　Card and Krueger（2000）はこれに対する再検証を行っている．より長い期間の分析と広く利用可能な労働省データ，そして前述の Neumark and Wascher で用いられたデータをもとに改めて分析した結果，ニュージャージーの最低賃金の増加はファストフード雇用全体にほとんどまたは系統的な効果がなかったと結論付けている．なお，Card 氏は2021年にノーベル経済学賞を受賞した．

　最低賃金と雇用の直接的感応性，また，貧困対策としての最低賃金政策の有効性に対して強い合意形成はなされていないが，近年，シアトルやサンフランシスコ，ロサンゼルスやニューヨークなどの大都市で最低賃金を15ドルに引き上げる動きがある．事実は「経済学」より奇なりということであろうか？

第7章
地域発展の歴史と都市化

1. 地域発展の基盤

(1) 領土拡張の歴史

古今東西, 一国の歴史を辿るとその領土は拡大・縮小を繰り返していることが分かるが, それはアメリカにおいても例外ではなく, 1970年にようやく現在の領土が確定している[1]. アメリカはイギリスの植民地という地位からその歴史の幕が上がるが, 1776年の独立宣言, 1783年のパリ講和条約を経てようやく国際的な地位が確立した.

現在のアメリカ国旗である星条旗は13の横縞(条)と50の星から成る. これは独立当時の13の州と現在の50の構成州を表しているのだが, 領土拡張に応じてそのデザインを変えてきた. 当初13で始まった大西洋沿岸に集う連合国家(the United States)がアパラチア山脈を制覇し, 最果ての太平洋に至るまで西へと領土を拡大させていったのである.

西への拡大はそれまで領有していた外国や先住民からの購入・獲得・併合・交換・割譲とさまざまな形でなされ, およそ100年のうちに広大な北アメリカ大陸の半分を手中に収めた. なお, この領土拡張の初期段階において1861年の自由州と奴隷州の間の内戦, すなわち南北戦争の勃発まで, 奴隷をめぐる政治的な駆け引きを伴って展開している点は留意すべきであろう.

建国間もないアメリカにあって, 独立宣言(1776年)では人間の平等を謳ってはみたものの, 新たに加える領土(州)が奴隷身分の取り扱いをどうするかは南北諸州間で簡単には妥協できないものであった. なぜなら経済・産業基盤

が小さからず異なっていたためである.

　この領土拡張は単に地図上の色分けが変化するということだけでなく，新大陸，未開の地としてのアメリカの地域発展という面も併せ持つ．西への入植地の展開，フロンティアの開拓は西漸運動といわれた.

　広大な未開の地を開発するには交通網の整備が不可欠であった．西への漸進にはまず南北に走るアパラチア山脈（本州の1.7倍の長さ）や五大湖（琵琶湖の約360倍の広さ）を交通・運輸網に組み込むことで制覇しなければならないのだが，蒸気船や鉄道といった新たな発明により交通・運輸の著しい発展，いわゆる交通革命によって，大陸横断鉄道の開通（1869年）を基準とすれば，建国後およそ一世紀かからず大西洋岸から太平洋岸に至る東西に連結したのである[2].

　図7-1は新天地としてのアメリカ大陸における領土拡張の歴史を示したものである．大西洋沿岸の部分は1783年建国時の13州から成るオリジナルの領土である.

　その後，大西洋沿岸のすぐ西の地域（当時はルイジアナと呼称），すなわちミシシッピー川からロッキー山脈に至る地域はナポレオン（Napoléon Bonaparte）執政下のフランスから1803年に購入したものである．これにより領土が2倍となった.

　その後，大きな領土拡張としては先ほどのルイジアナ地域から見ての南西地域（当時はテキサスと呼称）を，1845年にメキシコより併合した．この地域は当初スペインから独立間もないメキシコの領土であったが，本来自国民を対象とした入植者に広大な土地を与えるという移住奨励政策にアメリカ人が殺到し，そのアメリカ人がのちにメキシコからの独立を宣言した．その後テキサス人はメキシコ軍との戦いに勝利し，アメリカへの併合を望んだがそれが実現するにはおよそ10年の歳月を要することとなる.

　テキサス併合1年後の1846年には現在のワシントン州とオレゴン州を合わせたあたりの部分（当時はオレゴンと呼称）をイギリスより領有した．さらに1848年にはその南の部分，現在のカリフォルニア州のあたりをメキシコより割譲した．そして1867年にアラスカを購入し，1898年にハワイを併合した.

　このように領土拡張は購入（purchase），併合（annexation），領有（territory），

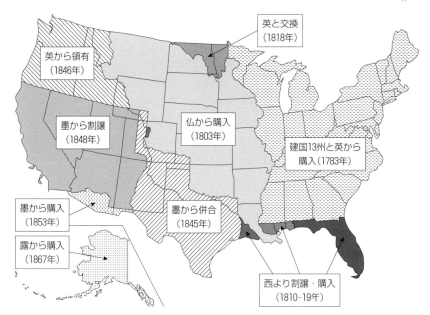

図 7 - 1　領土拡張の歴史

注：図中の英はイギリス（Great Britain），仏はフランス，墨はメキシコ，西はスペイン，露はロシアである.
出所：U. S. Census Bureau のホームページ.

そして割譲（cession）と当時の国際情勢に左右されてさまざまな形態を採ることとなったわけである．なお，割譲は特に大規模な軍事衝突を伴った．

(2)　交通網の整備と移民

　内陸，さらには太平洋岸へと領土を拡張していくなかで，新たに加えた土地における交通・運輸手段の整備はさらなる国の経済発展・成長にとって不可欠なものであった．未開の地としてのフロンティアの拡大が前述したように領土拡大とともに大きく進展していく中で，19世紀初頭から半ばにかけて交通網の整備が急速に進む．

　道路・運河（人為の水路）そして鉄道とその手段の進展はアパラチア以西への移住を促進した．道路敷設を以てアパラチア山脈を越え，運河建設を以て五大湖の1つであるエリー湖とニューヨークを南北に流れるハドソン川を連結さ

せた．これはエリー運河と呼ばれ，1817年から建設に取り掛かり，1825年に完成した．これにより，農村地域である西部と大都市ニューヨーク，さらには大西洋とが水路でつながることになった．

　エリー運河は大いにその目的を果たしたが，運河建設は莫大な費用を要し，また自然的条件が整わなければならないことから，鉄道の普及がその後進んでいく．鉄道の敷設は当初都市と郊外，都市と都市の間を結ぶ短距離のものであったが，路線の伸長が図られることとなる．

　このような交通・運輸面での環境改善に伴って人々の移動，東部農民の西への移住が活発化する．これは西部の肥沃で広大な農地としての可能性の高さといった求心力だけでなく，東部地域の都市化や工業化による遠心力も働いた．交通インフラ整備の仔細は第2章にゆずるとして，本章ではこの都市化・工業化が地域の発展にもたらした役割について注目することで，アメリカの発展を明らかにしたい．

　図7-2は1820-1935年の移民の総数とその主要な出身国の割合を5年ごとに示したものである．1820年当初は1年間の移民数が1万人にも満たないものであったが1905年には100万人を突破している．

　しかし1910年を境に移民の数は激減している．これは1914年から1918年にヨーロッパを主戦場とした第1次世界大戦の勃発やその後の移民制限，そして1929年に発生した大恐慌が要因として挙げられよう．なお，このような移民数の低迷は第2次世界大戦の終了まで続くこととなる．

　1830年を除くとイギリス系よりも，1820年以降1850年までは主食であるポテトの不作による大飢饉から逃れようとしたアイルランド系移民[3]が多くを占めた．その後はドイツ系移民が多くを占めるようになる．彼らの多くは都市に住み，北部地域における製造業労働者の供給源となった．

　1870年代以降その他の割合が急激に上昇しているが，イタリア系や中央ヨーロッパ諸国からの移民が多く占めるようになる．換言すれば1860年代までのアメリカに入ってくる移民はイギリス・アイルランド・ドイツ系でおよそ8割以上を占めていた．

　このようにネイティブアメリカンやアフリカから連れてこられた奴隷以外に，

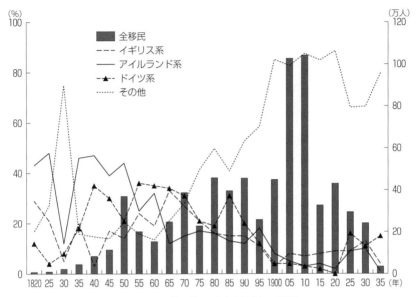

図7-2 移民数と出身国割合の推移

注：イギリス系は Great Britain（イングランド・ウェールズ・スコットランドから成る）である．右軸が移民数
を示す．

出所：U. S. Census Bureau, 1989, *Historical Statistics of the United States: Colonial Times to 1970*, U. S. GPO.

移民の受け入れによる人口の増加が起こったが，この人口の増加は産業構造の
変化とそれに伴う都市の誕生をもたらした．

図7-3は全労働者に占める各産業シェアの推移を示したものである．1840
年当時では圧倒的にアメリカは農業社会であった．漸次，農業（漁業を含む）
の割合は低下しているものの，1910年までは最も雇用を生み出す産業であった．
このような農業シェアの低下に対して上昇基調を維持してきたのが製造業と商
業（卸売・小売業）である．

このような工業化の進展は北東部から中西部にかけてのいわゆるマニュファ
クチュアリングベルト地帯（詳細は後述）の形成を想起させるが，これは前述
のアメリカ領土の西への拡大と交通網の整備，特にエリー運河の完成後のこと
である．

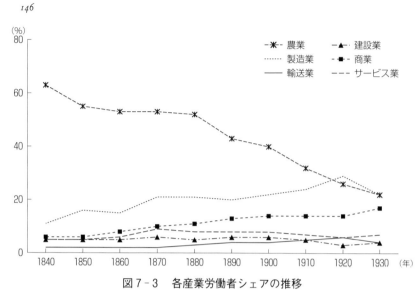

図7-3　　各産業労働者シェアの推移

注：各産業の合計が100%とはならない．
出所：図7-2と同じ．

　北東部での製造業地帯の形成を以て出発点とし，その後膨大な需要の増大と
ともにその工業地帯が広がっていったのである．中西部への入植は農業地帯の
拡大を伴ったが，北東部は農業地帯としての南部だけでなく，この中西部住民
に対する衣料・家具・農耕器具などの供給地として工業化が進んでいく．

2．都市化の進展

(1)　工業化と都市の誕生

　人類史上，都市誕生の歴史ははるか7000年も前にまでさかのぼることができ
る．それは世界最古の文明であるメソポタミア文明を築いたシュメール人によ
るものであるとされる．チグリス・ユーフラテス川に挟まれた肥沃な土壌を耕
作する人々が，次にそこから生み出される農作物を取引する商人や，農耕具を
製造・補修する職人が，そしてそれらを守る軍人などが集まり都市を形成・発
展させていった．

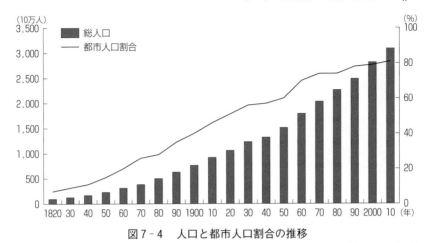

図7-4　人口と都市人口割合の推移

注：都市に関する定義は時々で変更され，それに応じて値が変化する．1820-1940年までは旧定義，1950-80年は新
　　定義，そして1990-2010年については現定義に基づく．詳細はU. S. Census Bureau, 2010 Census of
　　Population and Housing ,"*Selected Appendixes 2010: Summary Population and Housing
　　Characteristics*", U. S. GPO. を参照のこと．

出所：U. S. Census Bureau, 2010 Census of Population and Housing, "*Population and Housing Unit
　　Counts United States*", U. S. GPO.

　文明とは高い文化水準を持ち，さらに都市化された社会を形成する国家を意
味するが（civilization の意味を辞書で調べてみよう），文明を理解するにはその都
市の特質にせまる必要がある．都市発展の歴史を学ぶことはその国家の成り立
ちに接近することにもなるのだ．

　都市が存在する利点やその機能は時代や地理的・政治的・経済的・軍事的な
諸条件により変化してくる．文明といえるほどの悠久の歴史を有しないアメリ
カにあって経済学的視点から都市の発展を考察し，地域の発展特徴を学ぶこと
としよう．

　図7-4はアメリカの総人口とそれに占める都市人口割合の推移を示したも
のである．人口は着実に今日まで増加し，2010年には3億人を超えるまでにな
っている．このように人口は緩やかに増加してきているが，1840年と1950年の
2つの期間に都市化がスピードアップしている．

　1840年以降のこの背景には交通網の整備に伴う地域間交易の活発化が挙げら
れる．広大な面積を有するアメリカにあって，経済的統合は地域の産業特化や

産業発展のパターンを変化させてきた．長期的には製造業とサービス産業は地域特化（ある地域に集中している状態）が低下したのに対して，農業では逆にそれが進行している．

　製造業の地域特化が低下する以前，すなわち分散化が進む以前はアメリカ製造業の中心地は北東部から五大湖周辺の中西部にわたるマニュファクチュアリングベルト（後で述べるサンベルトに対比させてフロストベルトともいわれる）であった．

　これまで見てきたように1840年以降移民の数が上昇し，彼ら・彼女らの多くは都市に住むようになる．1860年から1910年の間，新たな都市人口のおよそ半数以上が移民であった．このころから徐々に工業化が進展し，慢性的な労働力不足に悩まされる中で移民は貴重な工場労働者となってゆく．

　図7-4において都市人口割合の上昇を見たが，アメリカを4分割し，それぞれの都市化率を見るとどのような特徴があるか，図7-5をもとに検証しよう．

　図からも明らかなように，ニューヨークやマサチューセッツといった地域を含む北東部が他の地域よりも一足先に都市化が進展している．それは1840年を境としている．一歩遅れて中西部や西部において1850年以降都市化が進んでいる．4つの地域の中でも南部は特に都市化の進展が緩慢であり，現在においても他の地域に比して最も都市化が進んでいない．

　このように，北東部の都市化が他地域よりも早かったのだがその背景として，19世紀半ばのそれは交通網の整備に伴うものであるが，その後は同地域の工業化が他地域に比して早かったことが挙げられる．

　なお，以下ではアメリカにおける都市や製造業地帯の内容を分析する前に，遠回りでも都市の存在理由，定義，そしてその経済学的な解釈について確認しておこう．

(2)　都市の存在と経済学

　19世紀の後半にはセンサス局によって都市の定義付けがなされている．それによると，都市空間とは比較的小さな地域が少なくとも2500人以上の人口を有

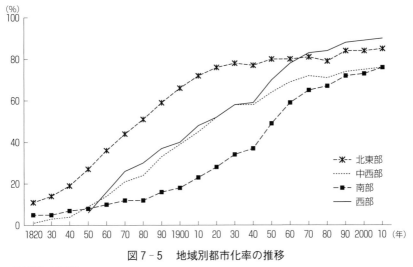

図 7 - 5　地域別都市化率の推移

注：図 7 - 4 と同じ.
出所：図 7 - 4 と同じ.

するものとされる. また1950年以降, 郊外化, 都市の拡大を考慮して都市化地域とは, 少なくとも 1 つの大規模な中心地と平方マイル当たり1000人以上の人口密度を有する周辺地域を含むものとされる.

　なお都市域に含まれない全ての人口・住宅, そして領域を農村（rural）と定義している. 都市・農村という二分類法によるデータ収集は今日も行われている.

　これまで見てきたように, 都市に住む人口の割合が右肩上がりで上昇し, 現在ではアメリカ人の実に 8 割がそこに住むという状況になっている. 都市に住むことのデメリットよりもメリットが上回ることによることが背景にあろう. では都市に居住することのメリットとはどのようなものなのか, またそもそもなぜ都市は存在するのであろうか.

　以下では都市での企業立地のメリット・デメリットを確認した後で, その空間構造に関する先行研究を整理したい. なお, 以下では特に企業の立地に焦点を合わせる.[5]

　企業は財やサービスを生み出す主体であるが，都市にオフィスや工場を構えることによってどのようなメリットがあるだろうか．企業は諸活動を行うにおいて，(a)人材，(b)資金，(c)技術，(d)土地などが必要である．それらを調達する場合，土地を除いて都市は魅力的である．

(a)人材：高度な科学知識や技術を有する者が集まっている都市においてその雇用が容易である．

(b)資金：ベンチャーキャピタルなど，銀行融資や株式公開以外での資金調達先が見つけやすい．

(c)技術：近接する企業や大学，さらには他の労働者からの技術的波及効果・スピルオーバー効果が期待できる．距離に比例してこの効果は減じる．

　これ以外にも都市に企業が集積していることで取引費用が，また顧客が近接することで輸送費用が抑えられる．交通網が十分に整備されていなかった時代では特に重要であり，歴史ある都市，たとえばニューヨークやボストン，バッファローやボルチモア，フィラデルフィアやシカゴなどはいずれも交通の要所にある．

　では都市のデメリットはどのようなものであろうか．企業にとってメリットをそれが上回った場合には都市からの退避が起こる．そのデメリットとして典型なのが外部不経済としてよく取り上げられる通勤混雑や環境汚染などが挙げられる．他にも，前述の(d)土地について，地価の高騰がある．さらに犯罪や税金の高さ，そして賃金の高騰などがあろう．

(3)　都市の空間構造の変化

　都市を空間として光を当てて鳥瞰した場合，まず経済活動の核となるエリアが存在し，そしてその外側である郊外に労働者の居住地が広がるといった，構造を形成していることが判明する．

　伝統的に都市の空間構造を説明するのに利用されてきたのが単一中心都市モデル（都市の中心が1つでそこでは経済活動が行われ，その周囲に住宅地が広がるという都市モデル）である．

　チューネン（von Thünen）の農業に関する土地利用を援用してアロンゾ

（William Alonso）が定式化した同モデルは都市空間において中心となる地域，中心業務地（Central Business District, CBD）に雇用が集中し，人々はそのエリアの外に居住して通勤する．このモデルは20世紀前半までの都市空間を表しており，現在においても中小規模の都市についてはよく当てはまるものと思われる．

　通勤・輸送手段としての自動車・トラックの普及が進んでいなかった20世紀初頭までは（フォードのT型車誕生まで），CBDは駅や港の周りに形成されていた．次の図7-6はそれぞれの主体によってどのような土地利用がなされるのか，付け値地代理論を用いて示したものである．

　付け値地代とは，それぞれの空間に最も高い地代を支払うことができる地代をいい，都市のどの空間・土地にどのような部門が立地するかを説明するのに有効な概念である．

　図7-6から明らかなように都市の中心部はオフィスセクター（金融業など）が占めることとなる．事業を行う上で情報が何よりの価値となる部門はその収集・処理・発信を迅速に行うにおいて有利な都市中心に近いほど付け値地代は高くなる．そこから離れるとその付け値は急激に低下する．

　オフィス部門に次いで高い付け値地代をつけるのが製造業部門である．輸送費は前者よりも距離に比例して急激に減じるわけではないゆえに，その曲線の勾配はやや緩やかとなっている．オフィス部門と製造業部門の付け値地代曲線は x_1 で交差するが，都市中心からそこまでがオフィス企業が占めることとなる．x は都市中心からの距離である．

　同様に，x_2 で住宅の付け値地代曲線と交差するが，(x_2-x_1) の距離を製造業者が占めることとなる．以下同様である．このような交差点ごとに占める部門の違いを同心円状に示したものが図の下のほうである．

　同図では都市中心からの距離に比例して人口密度が減じる．

　同モデルは輸送費が極めて高くついた時代の都市の空間構造を説明するのに有用であり，今日においても小規模の都市の形態をよく示しているが，エッジシティ（都市の端に誕生した新たな都市機能を有する都市）やスプロール（虫食い的に開発されていく都市の状態）といった典型的な現代の都市形態の説明には必ずしも適任ではない．現代の都市は中心地から距離的に離れて人口とともに雇用

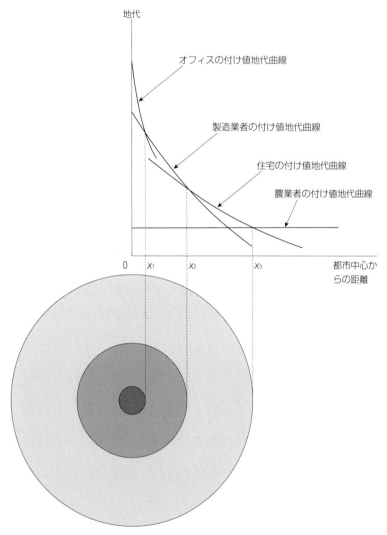

図7-6　各部門の付け値地代曲線

出所：O'Sullivan, A. (2002) *Urban Economics*, 5th edition, NewYork: McGraw Hill Higher Education, p. 184の図8-8に加筆修正.

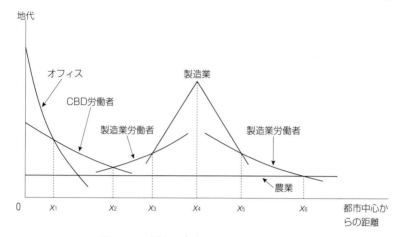

図7-7　近年の各部門の付け値地代曲線

出所：O'Sullivan, A. (2012) *Urban Economics,* 8th edition, New York: McGraw Hill Higher Education, p. 149の図6-10に加筆修正.

も分散している．特にこの雇用の分散化は20世紀以降の顕著な事象である．

　現在でも同モデルは多くの応用可能な雛形を提示できるが，雇用がCBDにおいてなされることを前提としている点は，特に製造業立地がCBDから離れている中でもっとも明らかな欠陥である．製造業の郊外化の重要な原因として，輸送手段としての船舶・鉄道の重要性がトラックに代わっていることがある．

　なお，近年の付け曲線は，図7-7の様に変化してきている。図7-6と明らかに異なるのは製造業に関して，より都市の中心から離れたところで付け値地代が高くなっている点である．

　雇用の郊外化は空間的ミスマッチ問題[6]との関連で研究されてきた．すなわち，高度な知識・技能を有する労働者は郊外に居を移すのに対して，中心地では未熟練・低技能労働者がとどまる．中心地での雇用には専門的科学知識や技能が必要とされる．

　同域でのさらなるサービス経済化（脱工業化）の進展とともに，郊外における工業化はブルーカラー・未熟練労働者を必要とするという点から，技術的ミスマッチが雇用の空間的ミスマッチへとつながる．また，中心地における未熟

練労働者・貧困層は通勤手段に制約があり，そのことが貧困状態の改善の障壁
となっていると考えられる.

　Hellerstein et al. (2008) は人種毎の雇用密度の効果を分析し，黒人が居住
するところの雇用の欠乏が問題なのではなく，差別や労働市場ネットワーク，
そして近隣効果の面で人種が問題となる，黒人が雇用される仕事の不足が問題
であることを明らかにしている．これについて「人種のミスマッチ仮説」とい
う言葉を用いて空間的ミスマッチ仮説と分類している.

3．産業集積地の盛衰

(1) 都市と製造業

　都市化の進展と工業化は表裏の関係にあったわけだが，移民の国アメリカに
あって，工業化はいつごろから始まったのであろうか．図7-3からは1860年
を境にそれ以降，急激に進んでゆくことが判明するが，それは南北戦争（1861
年）後に起こっている.

　移民が大量に流入することで旺盛な労働需要が満たされた．また，国内資本
だけでなく，特にイギリスからの資本投資がなされた．さらに，公有地が解放
されることで，企業活動に不可欠な生産要素が整うこととなる.

　何よりも重要なのは前述したように交通網の整備が進み，各地域で産出・生
産される原材料・工業製品が全国に流通することで巨大な市場が誕生すること
となった点である.

　19世紀後半から20世紀前半において，石油精製・化学・電機・自動車などの
産業が勃興している[7]．石炭や鉄鋼，そして繊維といった伝統的な産業を有する
イギリス製造業はこの新たに成長しつつある産業へのシフトが遅れ，そのこと
がひいては「世界の工場」としての地位を19世紀後葉にはアメリカに譲り渡す
こととなる.

　移民や農村部から出てきた若者らの行き先となったのが都市であるが，これ
らニューカマーが工業化の進展に大きく寄与することとなる．そこで，以下で
はまず都市と製造業の関係を歴史的に検証しよう.

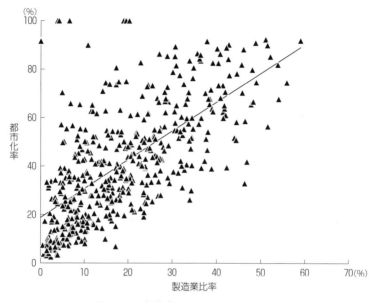

図7-8 製造業と都市化（1870-1960年）

注：製造業労働者の1910年については1909年のもので代用した.
出所：1870-1890年の総労働者数については U. S. Census Bureau, 1989, *Historical Statistics of the United States: Colonial Times to 1970*, U. S., それ以外の製造労働者・総労働者データは U. S. Census Bureau, *Statistical Abstract of the United States*, U. S. GPO. の各年. 都市化率については図7-4と同じ.

　図7-8は1870年から1960年まで地域労働者に占める製造業労働者のシェアと都市化の関係を州単位でみた，10年ごとのプールドデータを散布図にしたものである．なお，次に見る図7-9は1970年から2010年という比較的短い期間のものであるが，このように2つに図を分けたのは，その関係性が弱くなっていくのが1960年を境としているためである．

　図7-8ではおよそ100年もの間，製造業化が進んだ地域ほど都市化が進んでおり，アメリカにおいて，都市の存在は地域における製造業の存在なしには語れない事が判明する．

　このような強い両者の関係もやがて落日を迎えることとなる．次の図7-9は1970年から2010年にかけての両者の関係を示したものであるが，図のような

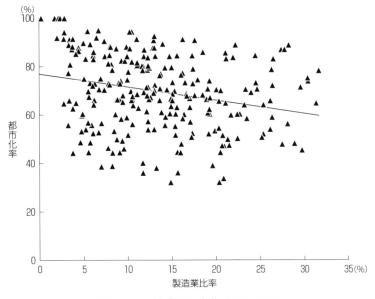

図7-9　製造業と都市化（1970-2010年）

出所：図7-8と同じ.

右上がりの関係は見られず，ほぼ無相関となっている．都市成長エンジンとしての製造業の力強さが消えてきている．

　1970年代以降，1980年代にピークを迎える財貿易，特に日本との貿易摩擦，そしてアメリカ製造業の衰退とサービス経済化の著しい進展を思い起こさせる．

　このように，都市化と製造業の関係が変化していることが明らかになったが，本章最後にアメリカの伝統的な製造業地帯であるフロストベルト（マニュファクチュアリングベルトやスノーベルトとも呼ばれる）と，サンベルトの盛衰を取り上げよう．

(2)　フロストベルトとサンベルト

　北東部から中西部にかけての伝統的な製造業地帯であるフロストベルトと呼ばれる地から離れて，工業が温暖で広大な土地を持つ南部や西部といったサンベルト地帯（主にアメリカ国土の南半分≒北緯37度以南の諸州）に第2次世界大戦

を契機として，その立地軸が移動した．そこには新たな地へと押し出す力と，それら地が引きつける力の両方があったと考えられる．

すなわち，伝統的な製造業地帯でのクローズドショップ（労働組合員である者のみ雇用する制度で，1947年に廃止された）による過度な労働組合の強さや，サンベルト地帯の豊富で安価な労働力の存在などが新たな地へと立地する誘因となった．

特に南部諸州は北東部や中西部といった他の地域に比して途上段階であり，工業の立地による雇用だけでなく，賃金・所得水準の上昇を期待していた．そこで，労働組合の強い影響を排除した経営環境を整備することで企業・工場誘致を図るクローズドショップの禁止を導入した．[8]

注

1）　1867年のアラスカのロシアからの購入を除けば，大陸領土の獲得は建国後，およそ60年で達成されている．その後の大きな領土変更としては1898年のハワイ併合がある．

2）　1849年のカリフォルニアにおけるゴールドラッシュがその開通に拍車をかけた．なお，ペリー提督が浦賀沖に4隻の蒸気船（軍艦）を率いてあらわれたのが1853年である．

3）　当時はすでにアイルランドは連合王国としてイギリスに内包されていた．

4）　10％は自然増，残り3分の1は国内の農村から来ていた．

5）　都市の存在に関して，人口の集中要因よりも，企業の集積に注目する．

6）　低技能労働者が居住する中心地における貧弱な労働市場と郊外の雇用機会へのアクセス制限から派生する問題をいう．

7）　当時のアメリカは新興の工業国として頭角を現す前夜であり，その基盤は脆弱なものであった．連邦政府は保護関税障壁によって国内製造業を保護しようとした．

8）　労働組合加入を義務付けることを禁止する労働権法は現在25の州で制定されている．南部の大半が州法を制定している一方，北東部では1つの州も制定していない．中西部では近年になって，ミシガン・インディアナ・ウィスコンシン州が制定している．なお，ハイテク産業の集積地であるシリコンバレーを擁するカリフォルニア州は制定していない．

◆コラム◆

なぜデトロイト市は財政破綻したのか？

アメリカ製造業の中心地，フォード・ゼネラルモーターズ（GM），そしてクライスラーといったいわゆるビッグスリーが集う自動車産業の集積地として栄えたミシガン州にあるデトロイト市が2013年7月連邦破産裁判所に連邦破産法第9条（地方公共団体の破産に関して規定）の適用申請をし，事実上の破産宣言をした．

同様の産業が特定の地域に集積することによる利益（地域特化の経済）を享受してきたデトロイトにおいて，自動車関連産業が衰退・移転することによる税収の落ち込みが主な原因である．

強力な労働組合による絶えざる賃上げ圧力は経営者の新たな設備投資への意欲をそいだ．1973年・79年の2度のオイルショックによる大型車の販売不振，燃費効率の良い日本車輸入の急増といった状況を打破するには至らなかった．

賃上げだけでなく，企業年金負担や医療費負担の増大が当時世界一の自動車メーカーGMを破綻に追いやった．GMはその後，2009年には国有化されたが2013年には株式の売却に伴い，国の管理下から離れて再び独り立ちしている．

なお，ミシガン州は2012年に特に自動車メーカーが撤退・移転する大きな要因となっていた労働組合活動の沈静化を図った労働権法を制定している．

さて，デトロイトの話に戻ろう．破産時の負債総額は180億ドル（2兆円を上回る）である．財政破綻する以前から人口の流出は続いていたが，1950年には190万もの人口を抱える都市であったが2013年には70万人を切るまでに減少が続いている．失業率は最悪期（2010年）を脱しているものの，現在でもアメリカの平均失業率の3倍の高さである．

デトロイトが全米一，世界一の自動車の町となる先鞭は，ヘンリーフォード（Henry Ford）が1903年にフォード社を設立したことによる．およそ半世紀をかけて製造都市を築いてゆき，また半世紀を通じて新たな都市発展の機会を模索している．人は都市を作り，都市は人を育てる．ロボコップのような衰退都市の象徴となったデトロイトを救う人物を同地は近未来，生み出せるであろうか．

第 8 章
貿易・国際金融体制の変化

1. 近年の貿易の特徴

(1) マクロ面での傾向

　国際間で取引される内容・形態は時代時代で変化し，また取引が盛んな時代もあれば停滞する時代もある．さらに，取引する上で発生する問題をどのように解決していくか，そのルール作りは時々の各国のパワーバランスに大きく左右される．

　地球規模の取引が始まる大航海時代，16世紀半ばにポルトガル人が種子島に漂着し（近年の研究では偶然漂着したわけではないようだ），鉄砲が伝来した頃は大砲装備の木造船を仕立て，羅針盤頼りに未知の土地・モノを求めて西へと帆をおろした．制海権の優劣が貿易の興隆を左右した時代である．

　時は進み，今日ではモノだけでなくサービスに関しても国際間で取引がなされ，またその取引は歴史的に必須であった軍事的優位性の影響がやや弱まったなかで行われている．そこで今日どのようなものが取引され，またそれはどのような秩序の下でなされているのか学ぼう．

　以下ではまずアメリカを取り巻く実際の貿易内容について種々のデータから確認することから始め，節を改めてその秩序・体制を概説する．

　2010年に中国の国内総生産が日本を抜き，アメリカに次いで世界第2位となったことが2011年初頭に発表され，世界に衝撃を与えた．経済規模と貿易規模に関しては強い関係性があり，それは先進国にとっても，途上国にとっても程度の差はあれ同様である．

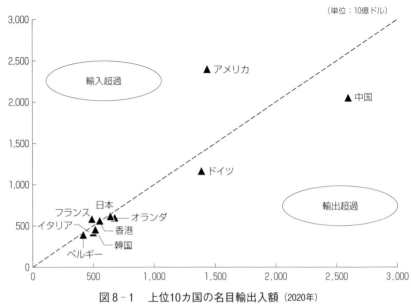

図8-1　上位10カ国の名目輸出入額（2020年）

注：上位10カ国の選定は輸出上位基準で行った．輸入上位10カ国に入らないのはイギリスだけであった．
出所：World Trade Organization（2021）*World Trade Statistical Review* 2021, World Trade Organization. より．

　中国の経済発展は輸出をベースにしたものであるが，各国の財取引はどのような水準となっているのか確認し，そしてその中でアメリカの位置と比較したい．

　図8-1は上位10カ国における財貿易に関する付加価値額について示したものである．これら上位10カ国で世界の輸出の52.3％，輸入の53.6％を占める．

　図中の破線より右下については輸出超過，すなわち貿易黒字を，破線より左上については輸入超過，すなわち貿易赤字を示す[1]．貿易黒字国は中国を筆頭に，ドイツ・オランダ・イタリア・韓国・ベルギー，そして日本である．

　アメリカについては貿易赤字額が9760億ドル（名目値）となっており，これはアメリカの国内総生産（GDP: Gross Domestic Product）の4.7％に相当する．なお，貿易赤字額がアメリカに次いで大きいのがフランスであり，赤字額が940億ドルとなっている．アメリカの貿易赤字額が注目されるわけではあるが，財輸出額は中国

（単位：100万ドル（実質））

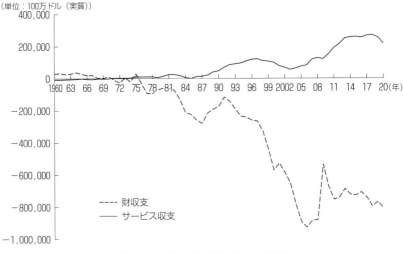

図8-2　財・サービス収支の推移

注：GDP デフレータにより実質化した.
出所：U. S. Bureau of Economic Analysis, International Transactions データより.

に次いで世界第2位の規模である点は留意すべきであろう. 輸出大国でもあるの
だ.

　アメリカの貿易収支赤字は慢性的なもとなっているが, 第2次世界大戦後し
ばらくは黒字の期間があった. そこで, つぎにその推移を検証しよう. その際,
近年では財だけでなく, サービスに関する取引も活発化してきていることから,
それぞれ輸出から輸入を差し引いた収支の推移を確認したい.

　図8-2は財およびサービスに関する2020年基準での実質値の収支の推移を
示したものである. これによると, 1970年代に入るまでは財貿易に関しては収
支が黒字であるのに対して, サービス貿易は赤字となっている.

　その後, 70年代に入ってからは財貿易に関しては今日にかけてほぼ赤字の状
態が継続している. 特に97年以降, 赤字幅が大きく拡大している. その背景と
しては輸出が伸び悩む中で輸入が大きく伸びていることがある.

　日本や旧西ドイツが第2次世界大戦後に徐々に復興し, 戦後のアメリカ企業
の強力な競争相手として台頭してくる. アメリカ企業は先ずは鉄鋼, そして自

表8-1 地域別の財・サービス収支

（単位：100万ドル（実質））

	2010年		2020年	
	財収支	サービス収支	財収支	サービス収支
欧 州 連 合	−84,868	36,124	−163,313	54,110
（ドイツ）	−36,419	−5,007	−51,131	−1,725
南 米	−74,266	34,840	−81,436	26,571
ア ジ ア	−386,857	56,169	−512,785	57,467
（中 国）	−283,954	9,385	−272,553	21,808
（日 本）	−63,907	19,191	−49,376	6,126
中 東	−29,202	3,660	9,112	12,989
ア フ リ カ	−59,120	4,295	−1,638	5,142

出所：図8-2に同じ.

動車，半導体とその優位性を失っていく[2]．これらは旧来の生産技術依存や，組織・生産管理体制の硬直化といった自身に起因するものだけでなく，外国企業の低価格を武器にした模倣，さらにはドル高といった要因が影響している．

サービス貿易に関しては70年代以降黒字が続いている．2006年以降は黒字幅が大きく伸びているものの，巨額の財貿易に関する赤字を埋めるほどにはなっていない．

このように，財・サービスの収支がどのように推移してきたか判明したが，ではこれらの黒字・赤字がいかなる地域に対してのものなのか2010年と2020年のデータをもとに確認しよう．

表8-1は世界をいくつかの地域に分け，それぞれに対してアメリカは黒字・赤字を計上しているのか，またその変化はあるのか示したものである．なお，黒字・赤字額が大きい国（ドイツ・中国・日本）については特に記載した．

財に関しては2010年・2020年いずれにおいても対アジアで大幅な赤字となっている．ただ，財収支に関して2010年では中国と日本の2カ国でアジア全体の約90％を占めていたのが，2020年では約60％にまで低下している．

財収支同様，サービス収支についても黒字・赤字の別は問わず，その額は対アジア地域が対欧州連合（EU）地域よりも大きい．

(2)　ミクロ面での傾向

　このように財に関しては大幅な赤字を，サービスに関しては黒字を毎年計上しているが，そもそもアメリカはどのようなものを輸出し，また輸入しているのであろうか．そしてそれらの収支はどのようになっているのか，より踏み込んで検証したい．

　まず，財貿易に関してはほとんどの項目，かつ2005年から5年ごとのデータほとんどで赤字となっている．ただし，工業用部品が年を追うごとに赤字幅を減少させており，2020年には黒字になっている。それ以外の特徴としては，消費財の赤字額が大きい点が挙げられる．

　つぎにサービス取引に関する収支であるが，多くの項目で黒字となっている．ただしその額は小さいのだが，注目されるのは旅行や金融サービス，そして知

表8-2　財貿易収支の変化

（単位：100万ドル（実質））

	2005年	2010年	2015年	2020年
食糧・飼料・飲料	−11,562	15,834	−994	−14,179
工業用部品・原材料	−339,270	−230,546	−71,011	17,875
資本財（自動車除く）	−27,893	−2,669	−64,337	−165,433
自動車と関連部品	−160,346	−118,164	−189,277	−161,365
消費財（食糧・自動車除く）	−339,992	−332,979	−381,218	−410,992
その他雑貨	−18,154	−9,963	−29,489	−44,961

出所：図8-2に同じ．

表8-3　サービス収支の変化

（単位：100万ドル（実質））

	2005年	2010年	2015年	2020年
保守・修理サービス	4,482	7,543	11,236	6,325
運輸	−23,335	−12,517	−14,445	−13,819
旅行	22,069	46,949	85,908	32,561
保険サービス	−24,164	−50,536	−32,990	−30,961
金融サービス	29,066	61,661	78,667	89,828
知的財産権使用料	46,100	66,398	72,569	62,294
通信・CP・情報サービス	−3,241	−2,979	2,495	15,916
その他ビジネスサービス	28,307	35,035	44,227	57,641
政府関連財・サービス	−13,567	−13,258	−1,379	−2,561

注：CPはコンピューターの略である．
出所：図8-2に同じ．

的財産権使用料において黒字が継続している点である.

旅行に関してはくしくも浅羽 (2013) が指摘したように,アメリカは今や観光大国となっているのである.金融に関しては次章で触れるが,その黒字は1980年代以降続く金融規制緩和 (たとえば1999年のグラス・スティーガル法の廃止) の影響であろうか.知的財産権使用料については他国に比して有用な技術や著作物を多く抱えるアメリカの特徴が遠望される.

2．戦後の貿易・国際金融体制の構築

⑴　ブレトンウッズ体制の成立

これまでデータ面で貿易の興隆が確認されたわけだが,貿易は歴史的に継続して拡大してきたわけではなく,大戦間期はそれが激減した.そこで話しを進めて,第2次世界大戦によって混乱した貿易・金融体制をいかに再構築してきたのか,その動きについて学ぼう.

第1次世界大戦が終結するまでにはイギリスから「世界の工場」としての地位を禅譲されたアメリカではあるが,その後,第2次世界大戦による各国経済の疲弊をしり目に先進国ではほぼ唯一,戦禍による本土被害がなかったアメリカの世界的な地位はさらに高まった.40年代末には世界の60％以上の工業製品がアメリカ製という状態であり,また貿易黒字も10億ドルに達していた.

軍事的・経済的優位性を背景として,貿易面だけでなく,国際金融面でも第2次世界大戦後の世界経済秩序の新たな構築はアメリカ主導でなされることとなる.

まず,第2次世界大戦の原因ともなった各国経済のブロック化をいかに防止していくか,また為替相場の安定をどのようにしていくかという点から戦後の貿易・国際金融体制の再構築が図られる.

具体的には貿易の安定と貿易障壁の削減を意図して,1947年に関税及び貿易に関する一般協定 (General Agreement on Tariffs and Trade, GATT) が,さらには国際金融の安定を担うものとして国際通貨基金 (International Monetary Fund, IMF) の設立が合意された.このような貿易と為替相場の安定を図った

体制をブレトンウッズ体制という．なおブレトンウッズ体制は主として国際金融の安定に関するものであるので以下，より詳しくその内容を見ていこう．

　1944年（大戦終結前）にアメリカのニューハンプシャー州ブレトンウッズで第2次世界大戦時の連合国44カ国が参加した会議において，通貨・為替相場の安定を意図して国際通貨基金（IMF）を設立する協定が結ばれた．IMF はその後45年に設立され，47年に業務を開始している．

　IMF 協定のキーワードは ① 固定相場制（自国通貨のドルに対する為替の固定：例として1ドル360円），② 基軸通貨（国際的な取引決済通貨としてドルを採用），③ 金為替本位制（金を1オンス35ドルで交換することをアメリカの中央銀行に義務付け）である．

　簡単に言えば，アメリカはドルが基軸通貨になることで恩恵を受ける一方，各国はドルに対する固定為替レートを維持することが義務付けられるが，ドルと金との交換が保証された．

　加盟国は公的外貨準備をおもに金かドル資産の形で保有し，アメリカの連邦準備制度にドルを売却して公的価格で金と交換する権利を持っていた．したがって，この制度は金為替本位制であり，ドルがその主たる準備通貨であった．

(2) ブレトンウッズ体制の崩壊

　第2次世界大戦後，ヨーロッパ諸国や日本に対するアメリカの寛大な経済援助（マーシャルプランなど）もあり，これらの国は経済復興の途に就いた．経済成長の達成とともに諸国は基軸通貨としてのドルを蓄積していく．ただし，固定相場制の前提としてドルは金との交換ができるゆえ，諸国の成長はアメリカの経常収支赤字をもたらし，アメリカからの金の流失につながった．

　このことはひいてはドルの信認を失わせる結果となり，71年，ニクソン大統領はドルと金との交換の停止を宣言した．いわゆるニクソンショックである．

　71年のスミソニアン合意による全面的な為替レートの修正（ドルの切り下げ），そして72年の変動相場制への移行により IMF 体制，ブレトンウッズ体制は瓦解したのである．

　なお，重要なのは11月のスミソニアン合意に先立ち，8月にドルと金との交

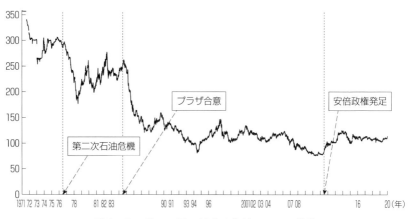

図8-3　ドルの円に対する為替レートの推移

出所：Federal Reserve Board（Fed）のホームページデータ.

換停止を当時の大統領であるニクソンが突如宣言したことである．貿易赤字が巨額化していく中でそれを維持できなくなっていたのだ．

　では巨額の貿易赤字はどうして発生したのであろうか．前述の対外的な要因以外にも国内要因が関係している．

　1969年にニクソンは大統領に就任したわけだが，インフレの抑制とドル危機に対処することが主要な当時の課題であった．そこで，財政支出の削減と連邦準備制度理事会による金融の引き締めを行った．それは景気の後退を招くこととなり，さらに沈静化するはずのインフレは退治するまでには至らなかった．

　そこで71年に財政支出を拡大させるとともに，金融の緩和を行った．このことが財政収支の悪化と資本流出・ドルの切り下げを招く．このような一連の動きが71年のニクソンショックにつながるわけである．

　一連の為替レートの推移を対円レートに関して図示しておく（図8-3）．

3．自由貿易と通商・貿易政策

(1)　比較優位理論

　これまでデータの面から貿易にまつわるアメリカ経済の実態を見てきたわけ

だが，貿易することのメリットとはどのようなものであろうか．江戸時代は国を閉ざす，いわゆる鎖国をおこなっていたが，長崎平戸の出島を通じて海外との交易はなされていたことは周知の事実である．このような特殊な時代においても貿易はなされていたが，そのメリット・デメリットを確認しよう．

　まず，メリットとしては海外との貿易によって自国にない商品を入手でき，また自国にあるものであってもより安価で品質やデザインなどの面で優れたものを取引することができる．しかしながら貿易のデメリットとして，消費者が類似する他国の製品を手に取ることによって自国の製品が売れず，ひいては自国労働者の雇用を奪ってしまうことにもなりうる．

　貿易を盛んにすることで雇用が増えたり，税収が増えたりといった恩恵に浴することができる一方，その逆の現象が起こることもある．例えば，自動車の輸出が増えればアメリカでの工場労働者の雇用が増加し，また法人所得税収も増える．一方で，もし輸入が増えれば自国工場の閉鎖，労働者の解雇，税収の減少といったこともありうるのだ．

　ゆえに自国の雇用を奪うような貿易は制限されるべきだとの意見も存在するが，それについては次項以降で述べることとする．以下では経済学における貿易の説明を見ていくのだがその前に，そもそも主要各国は貿易にどれほど自国経済が依存しているのかデータで確認しよう．

　図8-4は主要各国の自国経済に占める貿易割合の推移（1970-2020年）を示す．同図は輸出額と輸入額を足し合わせたものを国内総生産で除したもので，自国経済がどれほど貿易に依存しているか，また自国経済はどれほど貿易に関わっているのかを示している．[4]

　図から，ドイツの突出した貿易依存度の高さが判明するとともに，中国は意外にも近年その依存度が継続して低下している．日本やアメリカは同図で取り上げた中では貿易依存度の低い国に分類できる．

　さて，本題に入ろう．すなわち，経済学では貿易というものをどのように説明するのか，また自由貿易を支持する根拠はどこにあるのかを学ぼう．

　貿易によるメリットや貿易が生じる理由を説明したものとしてデイビッド・リカード（David Ricardo）による比較優位論が挙げられる．同論は今なお有効

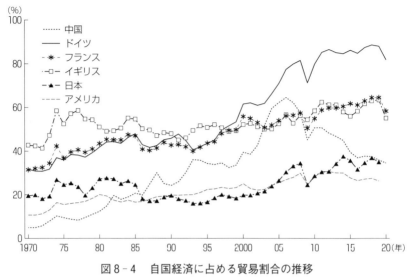

図8-4 自国経済に占める貿易割合の推移

出所:世界銀行のホームページデータより.

表8-4 一単位の財の生産に必要な労働量

	体重計	自動車
アメリカ	60人	80人
日 本	20人	40人

性を持った国際経済学理論の1つであるが,理解しやすくするために次の表の数値を用いてそれを説明しよう.[5]

この表8-4からは,体重計・自動車いずれも日本で作った方がよいことがわかる.なぜなら労働生産性はいずれの財でも日本の方が高いからである(同じ台数をより少ない労働量で生産できるので生産コストも安くすむ).ゆえに日本は両財に対して絶対優位にある.このような絶対優位の考えに基づいて貿易を行った場合には日本だけが得をする.貿易による利益は一方に偏るのだ.

しかし,リカードは比較優位にある財の生産に特化して交易(貿易)を行うことで貿易に参加するすべての国は利益を得るとした.では比較優位とは何で

あり，どのような基準でどの国がどの財を生産すればよいと判断できるだろうか．

　次の式は自動車の体重計に対する比較生産費がアメリカよりも日本の方が大きいことを示しており，自動車の比較生産費はアメリカの方が安いことがわかる．ゆえにアメリカは自動車の生産に比較優位を持つ．

$$\frac{アメリカの自動車生産人数（80人）}{アメリカの体重計生産人数（60人）} < \frac{日本の自動車生産人数（40人）}{日本の体重計生産人数（20人）}$$

　同様に体重計の自動車に対する比較生産費はアメリカの方が大きく，体重計の比較生産費は日本の方が安い．ゆえに日本は体重計の生産に比較優位を持つ．絶対優位の概念を基にした貿易では日本に一方的に利益が偏るが，比較優位の概念を基にしてアメリカは自動車の生産に特化してそれを日本に輸出し，そして日本は体重計の生産に特化してそれをアメリカに輸出することでアメリカも日本も貿易による利益を得るのである．

　なお，自動車・体重計を例に取り上げたが，その性能・デザインなど消費者の嗜好は異なるであろう．そのような点はリカードの比較優位では説明できない．より現実に即したものに国際経済学理論は進化を続けている．比較的わかりやすくその動きを説明したものとして田中（2015）を挙げておく．

(2)　近年の通商政策

　貿易に関して，一時の勢いを失ったアメリカがその後いかなる行動（政策）をとってきているのか，ニクソンショック後の動きを学ぶこととしよう．

　1980年代は輸出の伸び悩みにくわえて，輸入の急増，そしてドル高という状況にあった．80年代初頭，そして80年代半ばにかけてそれまでドル安基調にあったのが一転，ドル高へと転換した．ドルの急騰は当然輸出産業に大きな打撃を与える．[6)] ではこのようなドル高はどのようにして発生したのであろうか．

　また当時大統領の地位にあったレーガン（Ronald Reagan）が行った経済政策を広くレーガノミクスというが，この経済政策の帰結はどのようなものであろうか．

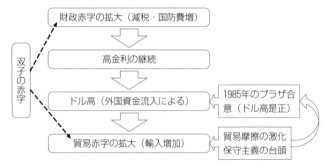

図8-5 1980年代のマクロ環境

出所：筆者作成.

　個人所得税や法人所得税に関する減税や国防予算の増大，そして社会保障予算削減の失敗などによる財政支出の増大（財政赤字）は，インフレの進行と相まって高金利をもたらした．この高金利に引き寄せられる形でアメリカに世界中の資金が大量に流入することとなった．これはドル高をもたらし，それが輸出の不振（貿易赤字）をもたらした[7]．このことはアメリカ国内に保護主義の台頭をもたらし，特に日本に対する激しい貿易摩擦を招来することとなる．

　このようなドル高状態（それは自ら招いたものであるが）を是正すべく，ニューヨークのプラザホテルに主要先進国の財務大臣が集まり，協調利下げによるドル高を是正することで1985年に合意した．プラザ合意である．このような一連のマクロ環境の変化を図にすると次のようになろう．

　このような貿易摩擦の激化・円高といった経営環境の変化に対応する形で日本の自動車メーカーは輸出自主規制を行うと同時に，1982年のホンダのオハイオ州進出を皮切りとして工場自体をアメリカに建設して現地生産を行い，その自動車をアメリカ市場で販売することとなる．

　90年代の通商政策の大きな動きとしては1992年に北米自由貿易協定（NAFTA: North American Free Trade Agreement）が締結され，アメリカ・メキシコ，そしてカナダの間で自由貿易圏が誕生している．同協定は北米大陸といった地域内において財だけでなく，投資やサービス貿易に対する関税障壁を撤廃し，自由貿易圏を作るというものである．このような動きは地域主義とも称せられる[8]．

　関税の取り扱いはGATTのもとではあくまで各国に関税を引き下げること
を促すに留まるのに対し，NAFTAでは関税の撤廃にまで踏み込んでいるのだ．

　第2節で第2次世界大戦後の貿易のルールとしてGATTが締結されたこと
を述べたが，その後の国際的な貿易にまつわる大きな動きとして1995年に世界
貿易機関（WTO: World Trade Organization）が発足したことが挙げられる．
GATTが財の貿易にまつわる協定だったのに対してWTOは財に加えて，サー
ビス貿易・知的所有権，投資，紛争処理等，より包括的に貿易に関する交
渉・解決を目指す機関である．

　二国間交渉で妥結した内容が以前に他国で締結されたものよりも有利な場合
はそれが加盟国すべてに適用される（最恵国待遇）．ゆえに交渉力の弱い途上国
にとってWTOは有難い存在である一方，先進国に有利な条件での自由貿易
の推進に途上国は不満を持つこととなる．

　また，164カ国が加盟するWTOは多国間交渉であり，全会一致が原則であ
るがゆえに，その交渉（ラウンド）が不調に終わることもある．そこで各国は
二国間などのより交渉相手の少ない自由貿易協定（FTA: Free Trade Agreement）
や，経済連携協定（EPA: Economic Partnership Agreement）の締結に軸足を移
してきている．

　さて，2016年は4年に一度のアメリカ大統領選挙の年であったが，その選挙
戦において奇妙な一致があった．共和党候補のドナルド・トランプ（Donald
Trump），民主党候補のヒラリー・クリントン（Hillary Clinton）いずれもが環
太平洋経済連携協定（TPP: Trans-Pacific Partnership）からの離脱を主張したの
である．この協定は関税を撤廃し，またサービス，投資の自由化を進めてアジ
ア太平洋地域に自由で公正な巨大な1つの経済圏を構築するものである．

　2017年1月に発足したトランプ政権はこれまでの自由貿易体制のメリットを
世界に吹聴してきたアメリカの政治姿勢を大きく変化させた．その1つとして
TPPからの脱退を就任早々公式に表明したことが挙げられる．オバマ政権時
においてはTPP交渉を通じてその推進を図ってきたが，管理貿易・保護主義
への回帰を図り，また多国間との自由貿易協定よりも二国間でのFTAや
EPAの締結に意欲を見せた．

　イギリスの EU からの脱退が2016年に国民投票によって決定したことや，2017年にアメリカが TPP から離脱するという動きを見てみると，世界経済のさらなるグローバル化に待ったがかかり，自由貿易のメリットを世界に唱え，その利益を享受してきた両国が保護主義に傾いていることを一面示していよう．もちろん両国はすでに最も成熟した先進国ではあるが，時として復古主義の一面をみせる．

(3)　貿易政策と関税

　世界各国は第2次世界大戦後，自由貿易体制を整備してきたわけだが，この自由貿易の対極にあるのが保護貿易である．保護貿易は自国経済・産業・企業の保護育成を主な目的としている．自由貿易を擁護し，そのメリットを説いた前述のリカードとは対照的に，発展途上段階にある国の保護貿易政策・幼稚産業の保護をフリードリッヒ・リスト（Friedrich List）は唱えた．

　リカードとリストは同年代に活躍したが，両氏の唱えるところは大きく異なる．その背景にはリカードがイギリスの，リストがドイツの出身であることが影響している．当時の先進国であるイギリスに後進国のドイツが対抗するには幼稚産業である工業の育成が不可欠であり，そのためには産業の保護が必要であると考えたのである．

　保護貿易政策の手段としては関税の賦課や輸出入数量の規制，そして輸出促進のための補助金の交付などがあるが，その目的は比較劣位産業の保護や国際収支の改善，自給率の向上や税収の増大などが挙げられる．

　以下では関税を課すことを例として，このような保護貿易政策の影響は経済学的にどのように測れるのか，消費者余剰と生産者余剰の変化の面から検証しよう．消費者余剰とは「消費者が感じるお得感」，生産者余剰とは「生産者が感じるお得感」としておこう．詳しい余剰概念は第4章に譲る．

　関税は輸入する全ての財に課されるわけではなく，保護したい特定の産業の財，例えば自動車やバターといった単位で設定される[9]．ゆえに図8-6は任意の財市場についての部分均衡分析である．以下では自国の行動が財の世界価格 P_w に影響を及ぼさない小国のケースを考える．

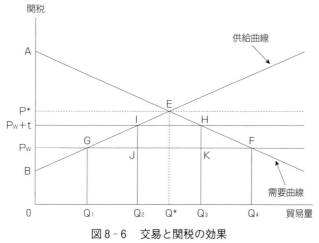

図 8-6　交易と関税の効果

出所：筆者作成.

　結論から先に示しておこう．すなわち交易に関して，関税が課されることで① 関税分 t だけ価格が上昇し，生産者余剰は増加するが消費者余剰は減少する．また，② 貿易量（輸入数量）は課税前よりも減少する．そして③ 課税分だけ政府の収入は増える．詳しく見ていこう．

　まず，価格についてである．輸入は交易前の自国財の均衡価格 P^* よりも国際価格 P_w の方が安い場合に開始されるので，$P_w < P^*$ である必要がある．同様に，関税の賦課によって財価格が P^* を超えては割高になり輸入がストップするので $P_w + t < P^*$ となる[10]．ゆえに価格は $P_w < P_w + t < P^*$ となる．

　交易前の均衡需給量は Q^* である．

　余剰についてである．交易前の消費者余剰は $\triangle AEP^*$ であり，生産者余剰は $\triangle BEP^*$ であることを確認しよう．それが交易・関税によってどのように変化するであろうか．

　まず，まだ関税が課されていない状態での交易を見てみよう．より安い外国製品が輸入されるため価格は国際価格 P_w に下がる．価格が下がって喜ぶのは消費者であり，逆に悲しむのは自国の生産者である．ゆえに，消費者余剰は $\triangle AFP_w$ へと増加する．反対に生産者余剰は $\triangle BGP_w$ へと減少する．差し引き，

交易前から△EFG の分だけ余剰は増加している．交易によるメリットである．

　貿易量（輸入量）についてであるが，価格が P_w に引き下がるので需要量は増えるが供給量は減る．そのギャップである $Q_4 - Q_1$ が輸入されることとなる．

　さて次に関税 t を課した場合である．P_w+t となるので消費者余剰は△AHP_{w+t} となり，生産者余剰は△BIP_{w+t} となる．関税が課される前の P_w と比較すると消費者余剰は減少する一方，生産者余剰は増加している．差し引き，□FHIG の分だけ余剰は減少している．ではこの台形の部分はどこに移転，あるいは消滅してしまったのであろうか．

　まず，関税が課されているのでその分が政府の収入となる．政府の収入は関税率×輸入数量であるから□HIJK の部分が政府に移転している．残った2つの三角形，△GIJ と△FHK はどこにも分配されず死重となる．

　死重の背景にはどのようなものがあるだろう．

　△GIJ は関税 t の分だけ価格が上昇するので供給は増える．ゆえに関税分だけ価格が吊り上がったことによって増加した生産の歪みによる損失である．生産者には移転していないのだ．

　そして△FHK は先ほどと同様，関税 t の分だけ価格が吊り上がったことによって減少した消費の歪みによる損失である．

　貿易量（輸入量）については関税によって，$Q_4 - Q_1$ から $Q_3 - Q_2$ へと減少することとなる．

　以上が小国のケースであるが，大国のケースを最後に指摘しよう．まず関税の賦課によって需要の減少が起こる．それは輸入の減少につながるが，大国であるがゆえにその世界に与える影響は大きく，国際価格の低下を招く．ゆえに，大国が関税をかけた場合，P_w はさらに下がり，自国の交易条件が改善する．

　注

1）　貿易には財に関するものとサービスに関するものがある．たとえば，財貿易とは自動車やスマートフォンなどの目に見えるモノの外国との売買を，サービス貿易とは海外のホテルでの宿泊費，海外の企業・個人が有する特許技術を利用した場合の使用料などを指す．

2）　製造業の成長基軸は日本，旧西ドイツからアジアの四小龍（韓国・台湾・香港・シンガポール），さらには中国へと移っていく．

3）　ドルがほぼすべての外国通貨に対して過大評価されており，それを修正する必要性が高まった．1971年12月に主要先進国がアメリカのワシントンに集まり，固定相場制を前提としたブレトンウッズ体制を放棄し，±2%の範囲で自国通貨を操作することで合意した．

4）　経済規模が小さい国では貿易依存度が100%を超えることがある．例えば貿易依存度が世界一のルクセンブルクは419%，第二位の香港は373%である．

5）　為替レートや通貨単位は考慮しないこととする．

6）　実質為替レートは経常収支を均衡させる水準で決定されるのではなく，国内の貯蓄・投資・財政政策（減税・財政支出）・所得の変化によって決定される．関心のある向きはマクロ経済学の IS バランスの箇所を復習すること．

7）　これら財政赤字と貿易赤字を合わせて「双子の赤字」と称される．

8）　EU もそれに数えられる．

9）　関税を賦課する場合，その財の輸入価格に課す場合と輸入数量に課す場合がある．前者を従価関税，後者を従量関税という．

10）　さらに外国政府によるに報復関税を招来する．

◆コラム◆
大航海時代と海賊

「1492年，コロンブスの新大陸発見」，世界史を学ぶ中で１度は耳にし，記憶した人も多いであろうフレーズである．新大陸とはもちろんアメリカ大陸のことである．

15世紀前葉から始まる大航海時代において，コロンブス（現イタリア，当時は海洋国家としてのジェノバに生まれた）はスペイン女王イサベルの援助——実質的にはジェノバ商人による援助のもとでスペインが航海のお墨付きを与えた——のもと，それまでの海路とは異なる西回りのアジア航海に出る．

彼らの冒険心を満たすには——それには多分に富への欲望があったが——パトロンが必要であった．パトロンは未知の土地や物を欲していた．国を巻き込み，金銀といった鉱物や香辛料をめぐって世界規模の争奪戦を繰り広げる時代である．

大航海時代の先駆けとなったのはポルトガルの北アフリカ到達である．その後，大型帆船を設えてポルトガルは西南へとアフリカ大陸の海岸線に沿って喜望峰に達し，そこから東北のインド洋への海路（東回り）を開いた．

コロンブスはそれとは逆の進路を採る．このことがヨーロッパの海洋進出を試みる他国に先駆けてアメリカ大陸に接岸する要因となる．もっとも，コロンブスはインドを目指していたが航海距離の計算違いによってアメリカ（厳密にはカリブ海の小島バハマ）に上陸したことを知らず，先住民をインデアンと呼んでいたわけだが．

以上のようなさまざまな要因，特にコロンブスの西回り計画のおかげで結果的にその後，ジェノバ人商人がスペインのアメリカ大陸貿易を牛耳ることとなる．

さて，ここまで読んでいて疑問を感じた諸氏もいるだろう．アメリカはイギリスの植民地として出発したのではないか，スペインはどこに消えたのか，と．

スペインとポルトガルによって世界が分割されていた状態——たとえば1494年のトルデシリャス条約——は大航海時代の幕開けとなる15世紀前葉から16世紀後葉まで続いたが，イギリス・フランス・オランダがその後大航海時代の海洋に登場することとなる．

後続者たちは通商条約を携えた紳士的なものではなく，敵国船に積載されたお宝の収奪を目的とした海賊的行為という登場の仕方を採った．それは政府により公認されており，それを生業とする私掠船への投資も盛んに行われた．キャプテン，ジャック・スパロウの世界である．

このような海賊行為は17世紀に入ってスペイン・ポルトガル領への侵攻・入植，

そして自国植民地への塗り替えへとエスカレートする．これが大航海時代の後半に主役がスペイン・ポルトガルからイギリス・オランダへと移る原因となったのである——もっとも，パックスブリタニカが成ってからは覇者は改心して海賊を取り締まったが——．

注
1）　ただし既にネイティブアメリカン（インデアン）が居住しており，今日では新大陸発見とは西洋的な偏向とされている．
2）　スペインのアメリカ本土への上陸はフロリダ半島から始まる．

第9章
アメリカ経済をとりまく最近の諸問題

1. リーマンショック

アメリカの当時業界第4位の投資銀行（日本でいう証券会社）であった<u>リーマ</u>
<u>ン</u>ブラザーズ社が2008年9月に破たんした．負債総額は空前の6130億ドルであ
る．

同社は金融機関であるから破綻の際には従来であれば政府による救済や他社
との合併がなされるのにそれがなされなかったことや，次はどの金融機関が破
たんするのか市場は疑心暗鬼に陥った．金融機関の破たんは一般企業のそれと
は異なり，金融不安をもたらす．次はどの銀行が倒産するのかという不安がひ
いては市場不安，株安，そして個人消費の低迷へと連鎖していった．これらに
より世界的な不況へと突入する．この一連の動きをリーマンショックという．

ここで疑問がある．リーマンはイギリスの国家予算にも匹敵するほどの損失
をどのような原因で被ったのか．その答えを知るにはサブプライムローン問題
について理解する必要がある．

サブプライムローン問題とは，「信用力の低い個人向け住宅ローン＝サブプ
ライムローンの焦げ付き（ローンの回収不能状態）が想定以上に高まったことに
よって，資産担保証券価格の暴落がそれを多く保有する特に金融機関に大打撃
を与えた問題」のことを言う．

難解な文章である．順を追って解説しよう．まず信用力が低い個人とは，た
とえば過去5年以内に破産した人やローン返済の延滞履歴があるような人，俗
にいうブラックリストに入っているような人に対して貸し付ける住宅ローンの

ことをサブプライムローンという[1].

　このローンが想定以上に焦げ付いた理由であるが，前述したように，信用力が低い人に対して貸し付けるわけであるから，信用力の高い人よりも高い金利を貸し手は設定する．しかしながら，信用力の低い人とはもともと返済能力に難がある人であることから，焦げ付く可能性は高かった．しかしながら，貸し手はローン契約の手数料を稼ぎたい（営業マンのサラリーが契約件数で決まるような出来高制の場合が多かった）．勢い返済能力の審査が甘くなる．

　加えて当時は住宅バブルの真っただ中にあり，住宅価格は上昇を続けていた．このような状況下では，貸し手は貸し倒れが生じても担保の住宅を差し押えて競売にかければ元金は回収できると想定する．当時は低金利の時代でもあった．

　しかし，バブルの兆候が明らかになると中央銀行，アメリカでは連邦準備制度理事会（Federal Reserve Board，通称Fed）は政策金利[2]を引き上げる．政策金利に連動するローンは当然利率が上がる．これが想定以上の返済不能状態を引き起こしたのである．

　アメリカでは住宅ローンは一般的にモーゲージバンクという住宅ローン専業の消費者金融との間で組む．想定以上の焦げ付きが生じれば，その損失は当然モーゲージバンクのみが被るはずだが，リーマン社などの投資銀行・金融機関がその多くを被った．その背景には金融規制緩和がある．

　その規制緩和内容とは，それまで禁じられていたサブプライムローンに関しても証券化ができるようになったことである[3]．モーゲージバンクはこのサブプライムローンを投資銀行に払い下げることで，さらに利益を得られる．そこで，このローンは投資銀行に払い下げられ，そして投資銀行はこのローンを資産担保証券として世界中の投資家に販売した．

　注意すべきは住宅ローンの返済金を受け取る権利を証券化したものであるゆえ，その返済が滞ると証券価格は暴落する．ではなぜ証券化した上で販売する側の投資銀行が損失を被ったのか．

　それはこの証券の利益率が高かったためである．利益率が高ければ自ら保有することで，リスクを引き受けるがリターンも得られるのである．

　サブプライムローン問題・リーマンショックから世界的な不況に突入する一

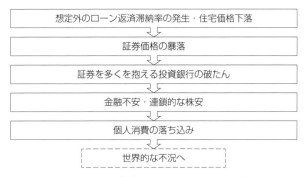

図 9‐1　サブプライムローン問題と不況

出所：筆者作成.

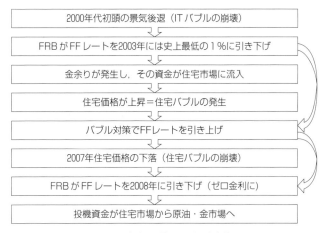

図 9‐2　資金の動きと金融政策

出所：筆者作成.

連の流れと，投資資金と金融政策の動きについてそれぞれ図示しておく（図9
‐1・図9‐2）．さらに，政策金利と失業率の推移も併せて示す[4]（図9‐3）．

　なお，このような規制緩和が世界的な混乱をもたらしたことに対する反省か
ら2010年以降，金融規制強化に乗り出している．

　大恐慌時に制定されたグラス・スティーガル法が1999年に廃止され，銀行が
証券業務を行えるようになったが，リーマンショックにより金融機関は巨額の

182

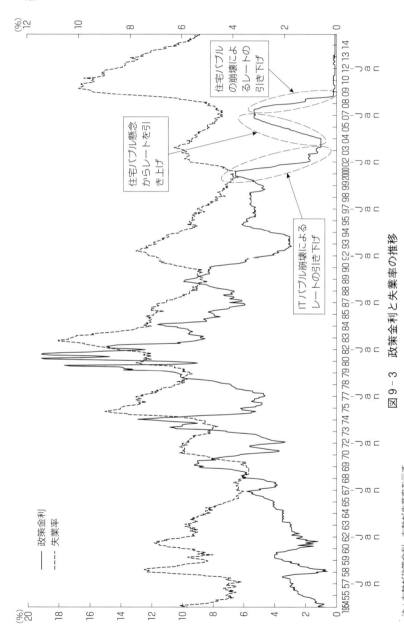

図 9 − 3 政策金利と失業率の推移

注：左軸が政策金利，右軸が失業率を示す．
出所：政策金利については FRB，失業率については Department of Labor のホームページ．

損失を出した．2010年に新たな監督機関の設立などを含んだドット・フランク法（金融規制改革法）が，近年では自己勘定による高リスク金融商品の売買を禁じる「ヴォルカールール」がドット・フランク法に加えられた．

2．近年の財政・連邦債務問題

本節では近年のアメリカの財政問題を財政赤字と連邦債務上限の二つの面からその問題について学ぶが，まず次の図をみていただきたい．図9‒4は連邦債務と財政赤字の対GDP比の推移を示したものでる．2008年以前は第二次大戦後約60年間財政赤字の対GDP比は −5％に収まっており，また連邦債務の対GDP比も40％付近で推移してきたが2008年以降その両方が急激に悪化していく．2008年が分岐点となるが我々は同年何がアメリカ経済に起こったかを本

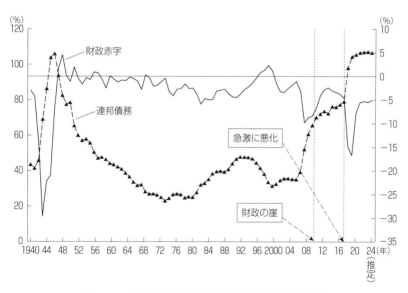

図9‒4　GDPに占める連邦債務と財政収支の推移

注：図中の左軸は連邦債務の対GDP比を，右軸は財政赤字の対GDP比を示す．
出所：連邦債務の対GDP比は Congressional Budget Office の The 2020 *Long-Term Budget Outlook*
　　より．財政赤字の対GDP比は White House のホームページデータより．

章第１節で学んだ．すなわち，リーマンショックに伴う金融危機である．

リーマンショックは財政赤字・連邦債務状況を悪化させたがそれは一時的なものであり，財政赤字については2012年を境に改善している．

アメリカの財政・予算面でたびたび問題となるのが連邦政府機関の閉鎖・国債のデフォルト（債務不履行）である．この問題を理解するためにまず財政の崖の説明から入ろう．

連邦政府の財政赤字削減に起因する問題を財政の崖という．2012年以降，財政赤字が急激に減少していくことからこれを財政の崖という．本来であれば赤字が解消していくので歓迎されるべきであるが，崖のように急転直下，財政が削減していく背景には減税の打ち切りによる増税と財政支出の削減が同時におこることで景気の後退が起こる可能性がある．

ブッシュ元大統領が成立させた，いわゆるブッシュ減税（所得税・相続税・キャピタルゲイン減税など）が2012年で失効することによる増税と政府債務上限規定により，連邦政府予算が強制的に削減される．

アメリカは連邦政府の債務残高の上限を法律で規定しており，2013年に自動的にそれが発動されることで連邦政府予算が大幅に削減される．５）これを回避するためには債務残高の上限を引き下げる法律を新たに制定する必要がある．この法律が成立しない場合，国債発行よる資金調達を連邦政府ができなくなる．その結果，連邦政府は歳出や国債の利払いができなくなる（デフォルト＝債務不履行）可能性が出てきたが，この時は債務上限の適用停止により一時的にそれが回避された．

その後2019年までは財政赤字・連邦債務は悪化しているがその程度は緩やかである．しかし，2020年からそれらは急激に悪化している．特に問題なのは連邦債務の大幅上昇である．債務の大幅な増大は利払いの増大をもたらす．この利払いは連邦財政から支出されるので財政再建の大きな障害となる．また，近年の金融緩和に伴う連邦準備制度理事会（FRB）の歴史的な低金利政策が金融引き締めへと今後転換されればその利払い負担はさらに大きいものとなる．バイデノミクス（バイデン大統領による経済政策）はパンデミックによる景気後退懸念に対して積極財政をとっている．６）それが長期金利（10年物国債の利回り）の

上昇圧力を強めて連邦債務利払いの増大を将来引き起こす可能性が高く，それがデフォルトの現実味を帯びてきている背景となっている．

　デフォルト回避策としては債務上限の引き上げや債務上限規定自体の停止があるわけだがそれには議会での予算法案の可決が必要である．これまで2013・15・17年にもデフォルト問題が持ち上がったがその都度回避されてきた．しかし議会の勢力図が与野党拮抗している今日の状況ではこれまで以上にデフォルト回避は不透明感が強くなっている．

　なお，イエレン財務長官は2021年9月28日に公表した議会指導部宛ての書簡で，債務上限の引き上げまたは適用停止が行われなければ，10月18日前後に財務省の資金が尽きるとしてデフォルトの可能性を指摘している．

3．GAFA に対する反トラスト政策

　第4章で反トラスト法によって大企業の規制が行われてきたことを考察したが，最近問題になっているのが巨大 IT 企業である GAFA への対応である．GAFA とはグーグル（Google），アップル（Apple），フェイスブック（Facebook），アマゾン（Amazon）の頭文字を取ったものである．これらの4企業の2019年の売上が7733億ドル，2020年10月の株式時価総額は日本やドイツの GDP を上回る5兆2000万ドルである．

　これらの巨大 IT 企業がなぜ反トラスト法で問題になるのか．これらの企業はそれぞれの市場で圧倒的なシェアを誇るが，値上げをして消費者の便益を損ねているわけではない．反トラスト法は消費者の保護が目的である．独占であっても効率姓が高まり消費者が支払う価格が上がっていないのならば問題ない．これが第4章で紹介したシカゴ学派の主張で1980年代からの中心的な考え方である．しかし，GAFA に対してはハーバード学派よりさらにリベラルな新ブランダイス派[7]が注目されている．彼らは競合企業，納入業者，従業員など広義の利害関係者の利益も考慮する．

　GAFA は「プラットフォーム」を支配しており，競合他社が競争する土俵そのものを支配しているので他の事業者が不利な状況に追い込まれる．グーグ

ルは検索サービスで YouTube など自社のサービスを優遇したり，スマートフ
ォンメーカーに自社サービスの搭載を義務化した．アマゾンは出店企業の情報
を利用してプライベートブランドを開発したり，電子商取引サイトで自社商品
を優遇した．アップルはアプリ販売サービスで自社アプリを優遇した．フェイ
スブックは2012年に画像共有アプリのインスタグラムと対話アプリのワッツア
ップを買収したが，これは自社のライバルとなる企業なので競争を回避するた
めの買収と批判された．

　ファイスブックに限らず GAFA は積極的に IT 企業を買収している．医薬
品産業もバイオベンチャー企業を買収しているが，これは創薬に有望な技術を
買い取りたい製薬会社と，臨床試験を行う余力がないベンチャー企業の間での
Win-Win の関係であることが多いが，IT の場合は GAFA 自身がそうである
ようにベンチャー企業が自力で急成長できる．GAFA によるベンチャ　企業
の買収は競争の芽を摘んでいるとの懸念がある．また，有望になればすぐに買
収されると考えられるようになると，アメリカ経済の強みである企業家精神に
悪影響を与える．

　また，アップルとグーグル（他にシリコンバレーの5社も含む）は互いに社員
を引き抜かない取り決めを結んでいた．司法省がカルテルだとして問題視して
2010年に協定を取り止めることで同意した．社員にとっては高給な転職を妨げ
ることになるので，2005年から2010年に働いた6万5000人による集団訴訟が起
こされ2015年に40億ドルで和解した．人材の流動性もアメリカの強みであった
が，それを妨げようとした．

　さらに問題なのは GAFA が社会的に力を持ちすぎていることである．ユー
ザーの検索・閲覧・行動・購入・支払いの記録は個人情報であるが，巨大 IT
企業はそれを保持している．それが悪用される可能性がある．実際，イギリス
のデータ分析会社がファイスブックのデータを不正に入手し，それが2016年の
大統領選挙でトランプ候補に有利に働くようなメッセージが有権者に配信され
る形で悪用された．また，2018年にはフェイスブックから個人情報流出が起き
た．さらに，フェイクニュースの発信源として SNS の影響力の大きさも問題
になっている．特定の企業が市場支配力を持ち，それが政治・社会にも影響を

与えることは，発展途上国で同族企業が財閥を形成している場合などでは問題
になるが，現代の先進国ではほとんど問題にされたことはなかった．しかし，
GAFA は消費者に直接の損失は与えていなくても市民生活に大きな影響を与
える存在になっている．

　議会では元々大企業に対して厳しい反トラスト法運用を主張する民主党が
GAFA への批判を強めている（グーグルはオバマ政権とは近く，特許権保護を強化
してきたプロパテント政策の見直しに関しては影響力があった）．すでに2020年秋に
民主党主導の議会下院が GAFA 批判の報告書をまとめていた．バイデン政権
は連邦取引委員会の委員長にカーン（Lina Kahn）を指名した．彼女はアマゾ
ン批判で知られた新ブランダイス派の若手研究者である．新ブランダイス派は
まだ主流派ではなく，大企業への過度な規制はアメリカ経済の活力を失うとの
慎重な声も多く，また政府が訴訟で勝てるかどうかも疑問視されているが，今
後の動向を注視する必要がある．

4．通商政策の動き──トランプからバイデンへ──

　トランプ大統領は2016年の選挙戦の中で様々な過激公約を掲げて勝利した．
公約として，移民の制限とメキシコとの国境沿いにその流入を阻止する壁の建
設やオバマケアの廃止，アメリカに不利と映る貿易協定からの離脱や規制（環
境・エネルギーなど）の緩和，そして法人所得税・個人所得税の減税と相続税の
廃止といった税制の抜本改正等を掲げたが，以下では貿易・通商政策について
4年間の任期中にいかなる動きをしたのかまず説明しよう．その後，新たに誕
生したバイデン政権の政策について触れたい．

　トランプ政権時に様々な貿易・通商政策が策定されたが，以下では NAFTA
の再交渉と米中貿易摩擦について述べる[8]．

　NAFTA の仔細については第8章で述べたので重複しない範囲で説明しよ
う．締結後約25年が過ぎたこの貿易協定についてトランプ政権は再交渉を求め
た．再交渉理由はその協定に不満があるからであるが，それは貿易赤字の是正
とアメリカ国内の雇用確保をおもな背景としている．その再交渉のターゲット

はメキシコで，生産される自動車部品の輸入についてであった．自動車部品は
NAFTA締結後の主要貿易財となったが，それが対メキシコ貿易赤字の最も
大きな源泉であるとして，その輸入に高関税を課すことを目指した．2019年6
月にメキシコからの全輸入品に対する追加関税が発表されたが，結局その措置
は延期された．

　その後，NAFTAをめぐる再交渉は2018年に三国で妥結し，それに代わる
新たなものとして USMCA（United States-Mexico-Canada Agreement）アメリ
カ・メキシコ・カナダ協定にトランプ大統領を含めた三国の首脳が署名した．
連邦議会上院で翌年の2019年に同協定が承認されている[9]．

　同協定は自動車の現地生産規則の強化（現地生産比率を62.5％から75％に引き上
げ）やバイオ医薬品のデータ保護期間の撤廃，メキシコにおける労働法の遵守
状況に関する規定や環境規制に関する監視機能の拡充などが盛り込まれている．

　次に，米中貿易摩擦について述べよう．この言葉が頻繁にメディアなどで取
り上げられるようになったのは2018年以降である．当時の大統領はトランプで
あるが，錆びついた地帯・ラストベル（アメリカの伝統的な製造業集積地）の白
人労働者の支持を集めて当選したという背景もあって，とりわけアメリカ製造
業の復活を重視し中国からの工業製品の流入，巨額の対中貿易赤字の是正に制
裁手段として追加関税を課すとした．これに対して中国も同様にアメリカから
の輸入（特に農産物）に追加関税を課すと反応した．

　中国からの輸入品に対する10〜30％の追加関税を2018年以降2020年にかけて
3回実施しているが，第1弾は約340億ドル相当（産業機械・電子部品に），第2
弾が160億ドル相当（プラスチック製品・集積回路に），そして第3弾が2,000億ド
ル相当（食料品・飲料・家具に）と3回目の追加関税が最も強い内容となってい
る．このような米中貿易摩擦は世界経済に悪影響を及ぼしているとし，国際通
貨基金（IMF: International Monetary Fund）はその効果について2020年の実質
GDPを0.8％程度押し下げられると試算している．

　2021年に政権についたバイデン大統領も中国に対する通商政策はトランプ同
様厳しい姿勢を示すものと考えられるが，トランプのように通商法301条に基
づく追加関税措置をとるといった懲罰的な貿易手段はとらないと述べている[10]．

　米中貿易摩擦はこのような中国からの輸入に対する関税措置だけではない．経済と安全保障が密接に関係する分野を経済安全保障として技術情報の漏洩や貿易・投資の管理強化に動いている．とりわけ重要技術・データの情報漏洩リスクに対する中国の脅威を意識してファーウェイ（Huawei）やZTEなどの中国製品の連邦政府機関の調達禁止措置を国防権限法に基づいて2019年からとっている．またアメリカの技術を用いた半導体や半導体製造装置などの製品の輸出も禁止している．

注

1）　信用力が高い人に対して貸し付ける住宅ローンをプライムローンという．

2）　政策金利としては公定歩合とFederal Fund Target Rate, FF Rateがある．今日では後者の金利動向が重視される．FF Rateとは銀行間での一時的な資金の過不足を調整する際の金利をいう．アメリカの金融政策の仔細は第3章を参照のこと．

3）　プライムローン証券化の歴史は古く，1930年代から行われていた．

4）　ちなみに，第3章においてフィリップス曲線について学んだ．すなわち，インフレと失業率はタイムラグはあるものの逆の動きをしないといけないのだが，図9-3からも明らかなように，1980年代はともに同じ方向へと動いている．

5）　債務残高が法律で定められた上限を超えると新規に国債を発行できない．

6）　2020年に連邦債務は急激に上昇してGDP比で98％に達している．これはパンデミックに対するバイデン政権の諸政策（米国救済計画・コロナウイルス対策・米国雇用計画など）が影響している．財政支出の増加は景気刺激効果があるが，これは金利の上昇をもたらす．なぜなら連邦債務＝国の借金（国債）が返済されない可能性が高まればその国債のプレミアは上昇するからである．

7）　ブランダイス（Louis Brandeis）は1916年から1939年まで最高裁判所の判事を務めたが，リベラル派として大企業にも厳しい判断を下したので，彼の名前を冠している．

8）　ほかにも，トランプの通商政策として環太平洋経済連携協定（TPP）から2017年に離脱したことが挙げられる．なおこのアメリカの離脱でTPPの重要性が低下し，代わりに東アジア地域包括的経済連携（RCEP: Regional Comprehensive Economic Partnership）の重要性が高まってきているが，これにもアメリカは参加していない．アメリカ抜きでのアジア地域・環太平洋地域における貿易・投資にまつわるルール作りが進んでいる．経済連携に関するバイデン政権の今後の対応が注目される．

9） 合衆国憲法では上院の助言と承認を得て条約を締結する権限が大統領に付与されている．通商条約交渉に関する権限を大統領に付与するかどうか自体の権限も上院が有する．大統領が締結した条約の承認を上院は可決または否決することができるので議会が実際に交渉する大統領に足枷を交渉前後にはめることができる．議会の勢力図によって条約の内容が個々に修正される恐れがあるので，議会で条約の内容について修正を受けずに迅速な審議によりその承認の可否のみを決する大統領貿易促進権限（TPA: Trade Promotion Authority）がある．このTPAなしに通商交渉を行った場合，議会側から個々に内容修正を求められ，それを反映して再交渉の必要が出てくるのでこのTPAは不可欠な存在であるが2021年7月に失効している．なお，TPAは連邦法であるのでその成立には上院のみならず下院での可決が必要である．

10） 合衆国憲法では関税を課す権限は連邦議会にあるが，同法では不公正な貿易慣行を敷いていると合衆国通商代表部（USTR: United States Trade Representative）が判断した場合，その国に対して大統領は追加関税を課すことができるとしている．

おわりに

「アメリカを代表する歴史上の人物はだれか？」と問われれば，いずれも政治家であるが，ドル紙幣に描かれる人物（ワシントンやリンカーンなど）を想起する人は多いであろう．

では，「アメリカを象徴する歴史的建造物は？」と問われれば，ホワイトハウスやエンパイアステートビルなどが挙がるであろう．ちなみに，ドル札の裏に描かれるのはホワイトハウス・リンカーンメモリアルホール・連邦議会議事堂などである．

以上の両方の問いを満足させるものの１つにニューヨークのリバティ島に建つ，自由の女神像がある．この像はアメリカがイギリスから1776年に独立し，100周年を記念して1886年にフランスから贈られたものであることはよく知られている．

女神と名付けられているゆえに神かと思われるかもしれないが，自由の像（the Statue of Liberty）であり，神様ではない（諸説ある）．マリアンヌという女性がモデルであるようで，それはフランス共和国の象徴である．女性で具現化されるのは，La France（フランス／フランス語），la République（共和国／フランス語），patria（祖国／ラテン語），といずれも言語上，女性名詞であることと関連する．

本書の装丁に彼女を起用したが，本書を通じてアメリカの歴史と現状を学ぶなかで，その美しい姿の中にも寛容にして狡猾，変革者にしてノスタルジックな姿を像に投影した諸氏もいよう．

ちなみに，広く流通するアメリカの硬貨は４種類．紙幣と異なり，同一セントでもデザインが単一ではない．ただし，４種類のセント硬貨に必ず打刻されている文字がある．Liberty，モラルを伴うべきこのことば，人々はそれを手中に収め続け，模範たりうるであろうか．

参 考 文 献

アメリカ経済の概説書
本書の似たコンセプトの本だが，取り扱っているテーマが多少異なるので，本書とあわ
せて読むと参考になる．
　地主敏樹・村山裕三・加藤一誠編著（2012）『現代アメリカ経済論』ミネルヴァ書房.
　中本悟・宮﨑礼二編（2013）『現代アメリカ経済分析』日本評論社.
　藤木剛康編著（2012）『アメリカ政治経済論』ミネルヴァ書房.
「アメリカ経済論」に関する英語の詳細なテキストは下記を参照．
　Thomas, W. L. and Carson, R. B.（2011）*The American Economy: How It Works
　　and How It Doesn't,* Armonk, New York: M E. Sharpe.

第 1 章
有賀貞・大下尚一・志邨晃佑・平野孝編（1993）『アメリカ史 2』山川出版社.
有賀貞・大下尚一・志邨晃佑・平野孝編（1994）『アメリカ史 1』山川出版社.（大部だ
　が政治・経済の流れを詳細に理解できる.）

第 2 章
秋元英一（1995）『アメリカ経済の歴史　1492-1993』東京大学出版会.
浅羽良昌（1996）『アメリカ経済　200年の興亡』東洋経済新報社.（絶版だがオンディ
　マンドで購入可能である.）
林敏彦（1988）『大恐慌のアメリカ』岩波書店.
Walton, G. M. and Rockoff, H.（2010）*History of the American Economy, 11th Edi-
　tion,* Mason, Ohio: South-Western, Cengage Learning.

第 3 章
ジョンソン，S., クラック，J.（村井章子訳）（2011）『国家対巨大銀行』ダイヤモンド社.
スティグリッツ，J. E. , ウォルシュ，C. E.（藪下史郎・秋山太郎・蟻川靖浩・大阿久
　博・木立力・宮田亮・清野一治訳）（2014）『スティグリッツ・マクロ経済学（第 4
　版)』東洋経済新報社.
室山義正（2013）『アメリカ経済財政史　1929-2009』ミネルヴァ書房.

Mishkin, F. S.（2013）*The Economics of Money, Banking, and Financial Markets, 10th Edition*, Boston: Pearson.

第 4 章

シェネェフィールド，J. H.，ステルツァー，I. M.（金子晃・佐藤潤訳）（2004）『アメリカ独占禁止法』三省堂.

スティグリッツ，J. E.，ウォルシュ，C. E.（藪下史郎・秋山太郎・蟻川靖浩・大阿久博・木立力・宮田亮・清野一治訳）（2013）『スティグリッツ・ミクロ経済学（第 4 版）』東洋経済新報社.

ピトフスキー，R. 編（石原敬子・宮田由紀夫訳）（2010）『アメリカ反トラスト政策論』晃洋書房.

ホベンカンプ，H.（荒井弘毅・大久保直樹・中川晶比兒・馬場文訳）（2010）『米国競争政策の展望』商事法務.

Kwoka, Jr. J. E. and White L. J.（2014）*The Antitrust Revolution, 6th Edition*, New York: Oxford University Press.

第 5 章

石崎昭彦（2014）『アメリカ新金融資本主義の成立と危機』岩波書店.

加護野忠男・砂川伸幸・吉村典久（2010）『コーポレート・ガバナンスの経営学』有斐閣.（日本との比較が理解できる）.

渋谷博史・樋口均・塙武郎編（2013）『アメリカ経済とグローバル化』学文社.

谷口明丈（2002）『巨大企業の世紀』有斐閣.

夏目啓二（2004）『アメリカの企業社会』八千代出版.

フリードマン，T.（伏見威蕃訳）（2010）『フラット化する世界（普及版，上・中・下）』日本経済新聞社.

第 6 章

OECD 編著（小島克久・金子能宏訳）（2014）『格差拡大の真実』明石書店.

ヘルプマン，E.（大住圭介・池下研一郎・野田英雄訳）（2009）『経済成長のミステリー』九州大学出版会.

ワイル，D. N.（早見弘・早見均訳）（2010）『経済成長［第 2 版］』ピアソン桐原.

Card, D. and A. B. Krueger（1994）"Minimum Wages and Employment: A Case Study of the Fast-Food Industry in New Jersey and Pennsylvania," *American*

Economic Review, Vol. 84, No. 4, pp. 772-793.

Card, D. and A. B. Krueger（2000）"Minimum Wages and Employment: A Case Study of the Fast-Food Industry in New Jersey and Pennsylvania: Reply," *American Economic Review,* Vol. 90, No. 5 , pp. 1397-1420.

Galor, O. and J. Zeira（1993）"Income Distribution and Macroeconomics," *Review of Economic Studies,* Vol. 60, pp. 35-52.

Gottschalk, P.（1997）"Inequality, Income Growth, and Mobility: The Basic Facts," *Journal of Economic Perspectives,* Vol. 11, No. 2, pp. 21-40.

Kaldor, N.（1957）"A Model of Economic Growth," *Economic Journal,* Vol. 67, No. 268, pp. 591-624.

Neumark, D. and W. Wascher（2000）"Minimum Wages and Employment: A Case Study of the Fast-Food Industry in New Jersey and Pennsylvania: Comment," *American Economic Review,* Vol. 90, No. 5, pp. 1362-1396.

Piketty, T. and E. Saez（2007）"Income and Wage Inequality in the United States, 1913-2002," in Atkinson, A. B. and T. Piketty eds. *Top Incomes over the Twentieth Century: A Contrast between Continental European and English-Speaking Countries,* NewYork: Oxford University Press, pp. 141-225.

第7章

岡田泰男（1994）『フロンティアと開拓者』東京大学出版会.

川出亮（1984）『サンベルト』日本経済新聞社.

加藤一誠（2002）『アメリカにおける道路整備と地域開発』古今書院.

紀平英作編（1999）『アメリカ史』山川出版社.

グレイザー, E.（山形浩生訳）（2012）『都市は人類最高の発明である』NTT 出版.

和田光弘編（2014）『大学で学ぶアメリカ史』ミネルヴァ書房.

Hellerstein, J. K., D. Neumark and M. McInerney（2008）"Spatial Mismatch or Racial Mismatch ?," *Journal of Urban Economics,* Vol. 64, No. 2, pp. 464-479.

Walton, G. M. and H. Rockoff（2013）*History of the American Economy,* Orland, Florida: South-Western College Publishing.

第8章

浅羽良昌（2013）『アメリカの国際観光経済』世界思想社.

井上博・磯谷玲編著（2008）『アメリカ経済の新展開』同文舘出版.

クルーグマン，P. R.・オブズフェルド，M.（山本章子・伊藤博明・伊能早苗訳）（2014）『クルーグマンの国際経済学（上）』丸善出版.

田中鮎夢（2015）『新々貿易理論とは何か』ミネルヴァ書房.

藤木剛康（2017）『ポスト冷戦期アメリカの通商政策』ミネルヴァ書房.

フェルドスタイン編（宮崎勇監訳）（1984）『戦後アメリカ経済論（上）』東洋経済新報社.

山城秀市（2012）『アメリカの貿易政策と合衆国輸出入銀行』時潮社.

第9章

萩原伸次郎監修（2014）『米国経済白書』蒼天社出版.

河村哲二（2003）『現代アメリカ経済』有斐閣.

倉橋透・小林正宏（2008）『サブプライム問題の正しい考え方』中央公論新社.

内閣府政策統括官室編（2020）『世界経済の潮流〈2019年 Ⅱ〉――米中貿易摩擦下の世界経済と金融政策――』日経印刷.

フォルーハー，R.（2020）（長谷川圭訳）『邪悪に墜ちた GAFA ――ビッグテックは素晴らしい理念と私たちを裏切った――』日経 BP.

山岸敬和（2014）『アメリカ医療制度の政治史――20世紀の経験とオバマケア――』名古屋大学出版会.

Council of Economic Advisers（2015）*Economic Report of the President*, Createspace.

索　引

《執筆者略歴》

宮田由紀夫 (みやた　ゆきお)

　　1960年　東京都生まれ
　　1983年　大阪大学経済学部卒業
　　1987年　University of Washington（Seattle）工学部材料工学科卒業
　　1989年　Washington University（St. Louis）大学院工業政策学研究科修了
　　1994年　同経済学研究科修了（経済学 Ph. D.）
　　大阪商業大学商経学部，大阪府立大学経済学部勤務を経て，2010年より関西学院大学国際学部教授．日本経済政策学会理事．
　　専門
　　アメリカ経済論，産業組織論（イノベーションのための産学官連携）
　　主な著作
　　『アメリカの大学の地域貢献』（中央経済社，2009年）
　　ピトフスキー，R.『アメリカ反トラスト政策論』（石原敬子氏との共訳，晃洋書房，
　　　　2010年）
　　『アメリカのイノベーション政策』（昭和堂，2011年）
　　『アメリカの産学連携と学問的誠実性』（玉川大学出版会，2013年）
　　『アメリカ産業イノベーション論』（安田聡了氏との共編著，晃洋書房，2023年）

玉 井 敬 人 (たまい　のりと)

　　1974年　和歌山県生まれ
　　1998年　大阪商業大学商経学部卒
　　2000年　大阪府立大学大学院経済学研究科博士前期課程修了
　　2003年　大阪府立大学大学院経済学研究科博士後期課程修了　博士（経済学）
　　大阪府立大学非常勤講師・客員研究員，九州産業大学専任講師を経て，2012年より九州産業大学経済学部准教授．日本国際経済学会，産業学会，日本経済政策学会所属
　　専門
　　アメリカ経済論，地域経済論
　　主な著作
　　「R & D 活動内部化誘因と技術専有手段の相関」『産業学会研究年報』（2002年）
　　「地域経済成長に対するイノベーション活動の影響──アメリカ MSA レベルの
　　　　実証分析──」『経済政策ジャーナル』（2005年）
　　「米国における主要地経済の変容分析」『産業経営研究所報』（2012年）
　　『製造業の国際化が地域所得格差に及ぼす影響──米日台の研究──』（編者，九
　　　　州大学出版会，2024年）

第3版
アメリカ経済論入門

2016年1月20日	初　版第1刷発行	＊定価はカバーに
2018年3月20日	第2版第1刷発行	表示してあります
2022年4月10日	第3版第1刷発行	
2024年4月15日	第3版第2刷発行	

著　者　宮　田　由紀夫 ©
　　　　玉　井　敬　人

発行者　萩　原　淳　平

印刷者　江　戸　孝　典

発行所　株式会社　晃　洋　書　房

〒615-0026　京都市右京区西院北矢掛町7番地
電話　075(312)0788番(代)
振替口座　01040-6-32280

装丁　㈱クオリアデザイン事務所　印刷・製本　共同印刷工業㈱

ISBN978-4-7710-3617-8